留学生のための

Excel

ドリルブック

Excel 2019対応

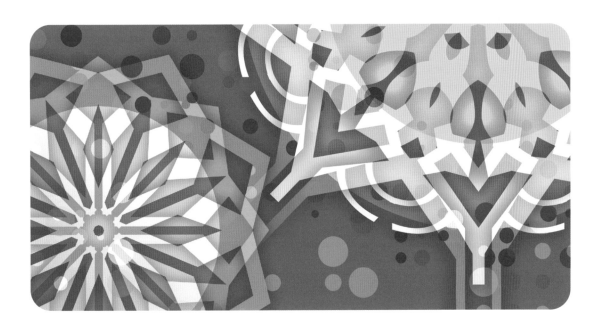

カットシステム

もくじ

本書に掲載している問題の「演習用ファイル」や「解答例のファイル」は、
以下の URL からダウンロードできます。

◆ Excel ファイルのダウンロード URL
　　https://cutt.jp/books/978-4-87783-793-8/

データ入力とファイルの保存

01-1 データの入力と修正

（1）Excelを起動し、B2セル以降に以下のようにデータを入力してみましょう。

空席状況

日付	曜日	S席	A席	B席
10月15日	金	15	24	47
10月16日	土	7	完売	21
10月17日	日	12	4	26
10月27日	水	21	35	56
10月30日	土	12	18	39
10月31日	日	16	24	42

Hint：「10月15日」のデータを「10/15」と入力することも可能です。

（2）B4 セルのデータを「日程」に修正してみましょう。続いて、D7 セルのデータを「10」に修正してみましょう。

（3）数式バーを使って、B2 セルのデータを「空席の状況」に修正してみましょう。

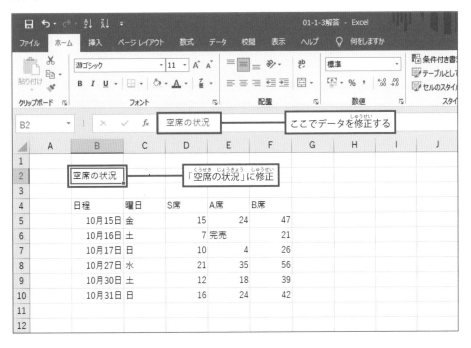

（4）演習（3）で作成したワークシートを「01-1-4 空席の状況」という名前でファイルに保存してみましょう。

（1）いちどExcelを終了し、先ほど保存した「01-1-4空席の状況」のファイルを開いてみましょう。

01-1-4空席の状況

（1）画面の表示倍率を200%に拡大してみましょう。

（2）画面の表示倍率を100%に戻してみましょう。

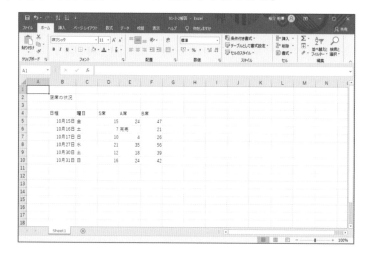

Step 02 文字の書式設定

02-1 フォント、文字サイズ、文字色の指定

（1）ステップ01で保存した「01-1-4空席の状況」を開き、以下のように文字サイズを変更してみましょう。

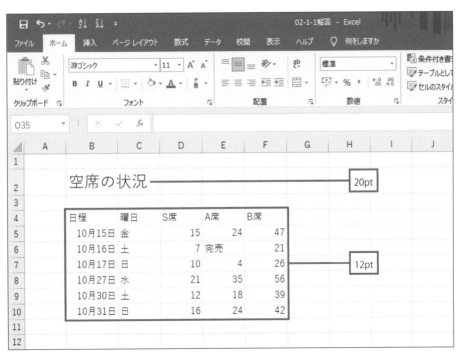

MEMO

「文字の書式」を変更するときは、［ホーム］タブを選択し、「フォント」グループにあるコマンドを操作します。

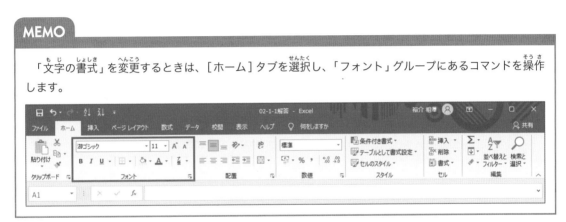

（2）フォントを以下のように変更してみましょう。

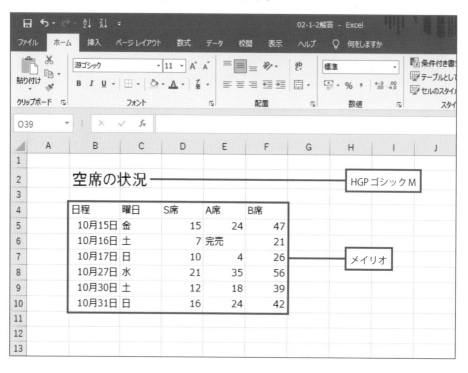

（3）文字の色を以下のように変更してみましょう。

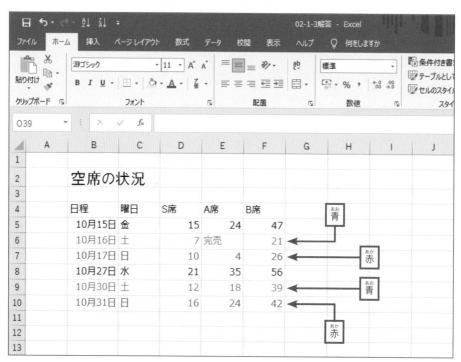

Hint：土曜日のデータを「青」、日曜日のデータを「赤」で表示します。

（4）ワークシート全体のフォントを「游ゴシック」に戻してみましょう。

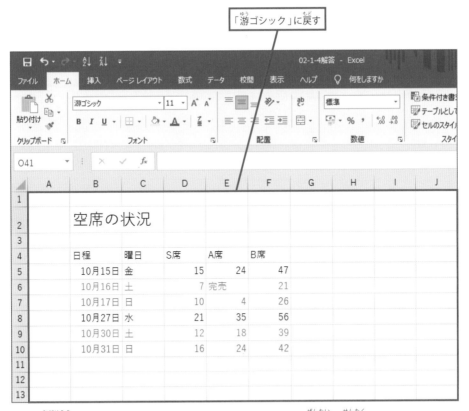

Hint：左上にある▨をクリックすると、ワークシート全体を選択できます。

02-2 太字の指定

（1）以下のように太字を指定してみましょう。

（1）数式バーを使って、B2セルのデータを「空席の状況（9/15時点）」に修正してみましょう。

	A	B	C	D	E	F	G	H	I	J
1										
2		空席の状況（9/15時点）—								
3										
4		日程	曜日	S席	A席	B席				
5		10月15日	金	15	24	47				
6		10月16日	土	7	完売	21				
7		10月17日	日	10	4	26				
8		10月27日	水	21	35	56				
9		10月30日	土	12	18	39				
10		10月31日	日	16	24	42				
11										
12										
13										
14										
15										
16										

「（9/15時点）」の文字を追加

（2）「（9/15時点）」の文字サイズを「12pt」に変更してみましょう。

ここだけ12ptに変更

	A	B	C	D	E	F	G	H	I	J
1										
2		空席の状況	(9/15時点)							
3										
4		日程	曜日	S席	A席	B席				
5		10月15日	金	15	24	47				
6		10月16日	土	7	完売	21				
7		10月17日	日	10	4	26				
8		10月27日	水	21	35	56				
9		10月30日	土	12	18	39				
10		10月31日	日	16	24	42				
11										
12										
13										
14										
15										
16										

（3）演習（2）で作成したワークシートを「02-3-3空席の状況」という名前でファイルに保存してみましょう。

Step 03 背景色と罫線の指定

03-1 セルの背景色の指定

（1）ステップ02で保存した「02-3-3空席の状況」を開き、以下のように背景色を指定してみましょう。

※それぞれのセル範囲に「各自の好きな色」で背景色を指定します。

▲	A	B	C	D	E	F	G	H	I	J
1										
2		**空席の状況** (9/15時点)								
3										
4		**日程**	**曜日**	**S席**	**A席**	**B席**				
5		10月15日	金	15	24	47				
6		10月16日	土	7	完売	21				
7		10月17日	日	10	4	26				
8		10月27日	水	21	35	56				
9		10月30日	土	12	18	39				
10		10月31日	日	16	24	42				
11										
12										
13										
14										

濃い色を指定

薄い色を指定

MEMO

「背景色」や「罫線」を指定するときは、[ホーム]タブを選択し、以下のコマンドを操作します。

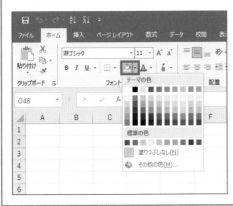

（2）B5〜C10のセル範囲に太字を指定してみましょう。

	日程	曜日	S席	A席	B席
5	**10月15日**	**金**	15	24	47
6	10月16日	土	7	完売	21
7	10月17日	日	10	4	26
8	**10月27日**	**水**	21	35	56
9	10月30日	土	12	18	39
10	10月31日	日	16	24	42

空席の状況 （9/15時点）

太字

03-2 罫線の指定

（1）以下のように「格子」の罫線を指定してみましょう。

空席の状況 （9/15時点）

日程	曜日	S席	A席	B席
10月15日	**金**	15	24	47
10月16日	土	7	完売	21
10月17日	日	10	4	26
10月27日	**水**	21	35	56
10月30日	土	12	18	39
10月31日	日	16	24	42

「格子」の罫線

（2）続いて、以下のように「太い外枠」の罫線を指定してみましょう。

03-3 「線のスタイル」を変更した罫線

（1）以下のように「太い点線」の罫線を描画してみましょう。

Hint：「線のスタイル」を選択し、マウスをドラッグして罫線を描画します。

（2）演習（1）で作成したワークシートを「03-3-2 空席の状況」という名前でファイルに保存してみましょう。

Step 04 文字の配置と行／列の操作

04-1 文字の配置

（1）ステップ03で保存した「03-3-2空席の状況」を開き、以下のデータを「中央揃え」で配置してみましょう。

	A	B	C	D	E	F	G	H	I	J
1										
2		**空席の状況** (9/15時点)								
3										
4		日程	曜日	S席	A席	B席		中央揃え		
5		**10月15日**	**金**	15	24	47				
6		10月16日	土	7	完売	21				
7		10月17日	日	10	4	26		中央揃え		
8		**10月27日**	**水**	21	35	56				
9		10月30日	土	12	18	39				
10		10月31日	日	16	24	42				
11										
12										
13										
14		中央揃え								
15										
16										
17										

MEMO

「文字の配置」を指定するときは、［ホーム］タブを選択し、以下のコマンドを操作します。

上下の配置

左右の配置

（1）E列の幅を大きくしてみましょう。続いて、C列の幅を小さくしてみましょう。

	日程	曜日	S席	A席	B席
	10月15日	金	15	24	47
	10月16日	土	7	完売	21
	10月17日	日	10	4	26
	10月27日	水	21	35	56
	10月30日	土	12	18	39
	10月31日	日	16	24	42

空席の状況 (9/15時点)

小さく　　大きく

（2）D～F列の幅を「10」に揃えてみましょう。

空席の状況 (9/15時点)

日程	曜日	S席	A席	B席
10月15日	金	15	24	47
10月16日	土	7	完売	21
10月17日	日	10	4	26
10月27日	水	21	35	56
10月30日	土	12	18	39
10月31日	日	16	24	42

各列の幅を10に変更

Hint：D～F列を選択し、右クリックメニューから「列の幅」を選択します。

MEMO

D～F列を選択した状態でマウスをドラッグし、各列の幅を揃えることも可能です。

①複数の列を選択

②ドラッグ

空席の状況 (9/15時点)

（1）8行目の後に行を挿入し、以下のようにデータを入力してみましょう。

| 10月29日 | 金 | 34 | 48 | 71 |

	A	B	C	D	E	F	G	H	I	J
1										
2		**空席の状況** (9/15時点)								
3										
4		日程	曜日	S席	A席	B席				
5		**10月15日**	金	15	24	47				
6		10月16日	土	7	完売	21				
7		10月17日	日	10	4	26				
8		**10月27日**	水	21	35	56				
9		**10月29日**	金	34	48	71		ここに行を挿入		
10		10月30日	土	12	18	39				
11		10月31日	日	16	24	42				
12										
13										
14										
15										
16										
17										

（2）「10月27日」の行（8行目）を削除してみましょう。

	A	B	C	D	E	F	G	H	I	J
1										
2		**空席の状況** (9/15時点)								
3										
4		日程	曜日	S席	A席	B席				
5		**10月15日**	金	15	24	47				
6		10月16日	土	7	完売	21				
7		10月17日	日	10	4	26				
8		**10月29日**	金	34	48	71		「10月27日」の行を削除		
9		10月30日	土	12	18	39				
10		10月31日	日	16	24	42				
11										
12										
13										
14										
15										
16										
17										

（1）4行目の高さを大きくしてみましょう。

	A	B	C	D	E	F	G	H	I	J
1										
2		空席の状況 (9/15時点)								
3										
4		日程	曜日	S席	A席	B席			大きく	
5		10月15日	金	15	24	47				
6		10月16日	土	7	完売	21				
7		10月17日	日	10	4	26				
8		10月29日	金	34	48	71				
9		10月30日	土	12	18	39				
10		10月31日	日	16	24	42				
11										
12										

（2）4行目の高さを「自動調整」に戻してみましょう。

	A	B	C	D	E	F	G	H	I	J
1										
2		空席の状況 (9/15時点)								
3										
4		日程	曜日	S席	A席	B席			「自動調整」に戻す	
5		10月15日	金	15	24	47				
6		10月16日	土	7	完売	21				
7		10月17日	日	10	4	26				
8		10月29日	金	34	48	71				
9		10月30日	土	12	18	39				
10		10月31日	日	16	24	42				
11										
12										

（3）演習（2）で作成したワークシートを「04-4-3 空席の状況」という名前でファイルに保存してみましょう。

MEMO

　Excelは、文字サイズに応じて「行の高さ」が自動調整されるように初期設定されています。ただし、「行の高さ」を変更すると、自動調整は無効になります。自動調整を有効に戻したいときは、[ホーム] タブにある「書式」コマンドをクリックし、「行の高さの自動調整」を選択します。

Step 05 小数点以下の表示と表示形式

05-1 小数点以下の表示桁数

（1）新しいワークシート（空白のブック）を開き、以下のように表を作成してみましょう。

円周率	3.141592
ネイピア数	2.71828
2の平方根	1.4142
3の平方根	1.732

	A	B	C	D	E	F	G
1							
2		円周率	3.141592				
3		ネイピア数	2.71828				
4		2の平方根	1.4142	←	「格子」の罫線		
5		3の平方根	1.732				
6							
7							
8							
9		太字、背景 色					
10							
11							

（2）［ホーム］タブにある ⬚（小数点以下の表示桁数を減らす）を使って、小数点以下の表示を2桁に統一してみましょう。

	A	B	C	D	E	F	G
1							
2		円周率	3.14				
3		ネイピア数	2.72				
4		2の平方根	1.41				
5		3の平方根	1.73				
6							
7							
8							
9		小 数点以下を2桁に統一					
10							
11							

（3）それぞれの数値について、「セルに表示されている数値」と「Excelに記録されている数値」を見比べてみましょう。

Hint：各セルには「四捨五入された数値」が表示されます。

（4）［ホーム］タブにある ⬆︎.00（小数点以下の表示桁数を増やす）を使って、小数点以下の表示を4桁に変更してみましょう。

Hint：「3の平方根」は小数点以下3桁しか数値を入力していないため、4桁目には0（ゼロ）が表示されます。

（1）新しいワークシート（空白のブック）を開き、以下のように表を作成してみましょう。

50m走の平均タイム

年齢	男子	女子
6歳	11.45	11.82
7歳	10.59	10.93
8歳	10.02	10.40
9歳	9.61	9.91
10歳	9.22	9.52
11歳	8.87	9.15
12歳	8.42	8.90

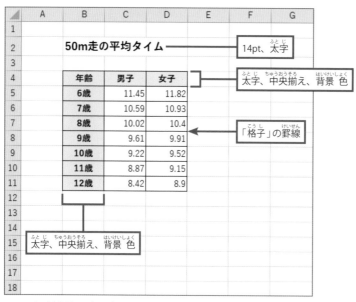

Hint：小数点以下の最後の0（ゼロ）は省略して表示されます。

（2）C5 〜 D11の表示形式を「数値」に変更し、小数点以下の表示を1桁に統一してみましょう。

Hint：「セルの書式設定」を使って表示形式を変更します。

	A	B	C	D	E	F	G
1							
2		**50m走の平均タイム**					
3							
4		年齢	男子	女子			
5		**6歳**	11.5	11.8			
6		**7歳**	10.6	10.9			
7		**8歳**	10.0	10.4			
8		**9歳**	9.6	9.9		小数点以下を1桁に統一	
9		**10歳**	9.2	9.5			
10		**11歳**	8.9	9.2			
11		**12歳**	8.4	8.9			
12							

MEMO

　各セルの表示形式は「セルの書式設定」を使って指定します。「セルの書式設定」は、［ホーム］タブにある ⤵ をクリックすると表示できます。

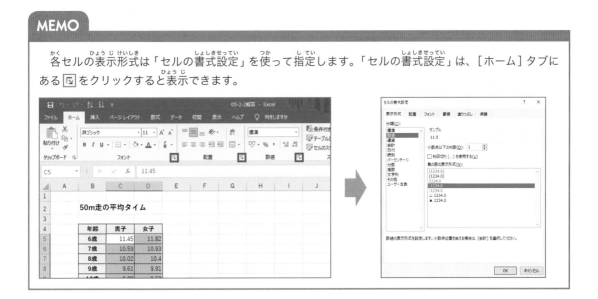

（3）小数点以下の表示を2桁に変更してみましょう。

	A	B	C	D	E	F	G
1							
2		**50m走の平均タイム**					
3							
4		年齢	男子	女子			
5		**6歳**	11.45	11.82			
6		**7歳**	10.59	10.93			
7		**8歳**	10.02	10.40			
8		**9歳**	9.61	9.91		小数点以下を2桁に変更	
9		**10歳**	9.22	9.52			
10		**11歳**	8.87	9.15			
11		**12歳**	8.42	8.90			
12							

（1）新しいワークシート（空白のブック）を開き、以下のように表を作成してみましょう。

本日の特売品

	通常価格	割引率	特売価格
トースター	2980	0.1	2682
電子レンジ	12800	0.2	10240
20型テレビ	19800	0.25	14850
ノートパソコン	48000	0.3	33600

（2）C列とE列の表示形式を「通貨」に変更し、「¥」の記号を付けてみましょう。

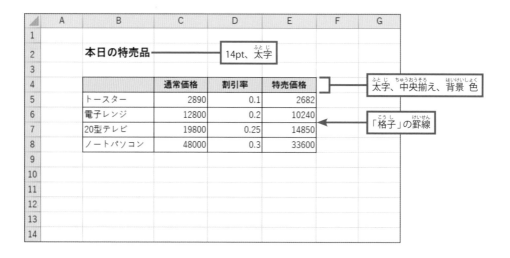

05-4 「パーセンテージ」の表示形式

（1）D列の表示形式を「パーセンテージ」に変更してみましょう。

	A	B	C	D	E	F	G
1							
2		**本日の特売品**					
3							
4			通常価格	割引率	特売価格		
5		トースター	¥2,890	10%	¥2,682		
6		電子レンジ	¥12,800	20%	¥10,240		
7		20型テレビ	¥19,800	25%	¥14,850		
8		ノートパソコン	¥48,000	30%	¥33,600		
9							
10							
11							
12			「パーセンテージ」の表示形式				
13							
14							

05-5 「日付」の表示形式

（1）ステップ04で保存した「04-4-3 空席の状況」を開き、B列の表示形式を「月/日」という形に変更してみましょう。

	A	B	C	D	E	F	G	H	I
1									
2		**空席の状況** (9/15時点)							
3									
4		日程	曜日	S席	A席	B席			
5		**10/15**	金	15	24	47			
6		10/16	土	7	完売	21			
7		10/17	日	10	4	26			
8		**10/29**	金	34	48	71			
9		10/30	土	12	18	39			
10		10/31	日	16	24	42			
11									
12									
13									
14		「月/日」で日付を表示							
15									
16									

Step 06 オートフィル

06-1 オートフィルの基本

（1）新しいワークシート（空白のブック）を開き、以下のようにデータを入力して書式を指定してみましょう。

1回目　　　5月29日　　　月

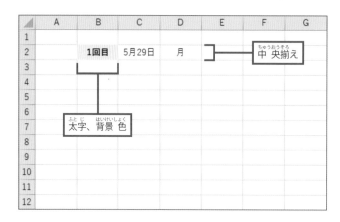

（2）オートフィルを使ってデータをコピーしてみましょう。

（3）新しいワークシート（空白のブック）を開き、以下のようにデータを入力して書式を指定してみましょう。

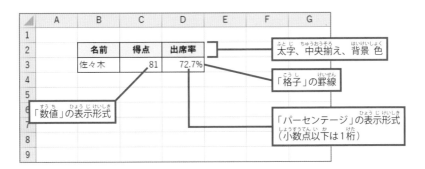

	名前	得点	出席率
	佐々木	81	72.7%

太字、中央揃え、背景色

「格子」の罫線

「数値」の表示形式

「パーセンテージ」の表示形式
（小数点以下は1桁）

（4）オートフィルの「書式のみコピー」を使って、表の入力欄を増やしてみましょう。

	名前	得点	出席率
	佐々木	81	72.7%

オートフィルで書式をコピー

（5）以下のようにデータを入力し、表示形式の書式がコピーされていることを確認してみましょう。

	名前	得点	出席率

	山本	58	66.7

	名前	得点	出席率
	佐々木	81	72.7%
	山本	58	66.7%

データを入力

（1）新しいワークシート（空白のブック）を開き、以下のようにデータを入力して書式を指定してみましょう。

3年A組の時間割

月

1時限

	A	B	C	D	E	F	G	H	I
1									
2		**3年A組の時間割** ──				14pt、太字			
3									
4			月 ──			太字、中央揃え			
5		1時限							
6									
7									
8									
9		太字、中央揃え							
10									
11									
12									
13									
14									

（2）オートフィルを活用して、以下のように表を作成してみましょう。

	A	B	C	D	E	F	G	H	I
1									
2		**3年A組の時間割**							
3									
4			**月**	**火**	**水**	**木**	**金**		背景 色
5		**1時限**							
6		**2時限**							
7		**3時限**						「格子」の罫線	
8		**4時限**							
9		**5時限**							
10		**6時限**							
11									
12									
13		背景 色							
14									

（3）演習（2）で作成したワークシートを「06-2-3時間割」という名前でファイルに保存してみましょう。

Step 07 ワークシートの操作

07-1 新しいワークシートの作成

（1）ステップ06で保存した「06-2-3時間割」を開き、「Sheet2」のワークシートを作成してみましょう。

新しいワークシートを作成

（2）P30と同じ手順で、「Sheet2」に「3年B組の時間割」を作成してみましょう。

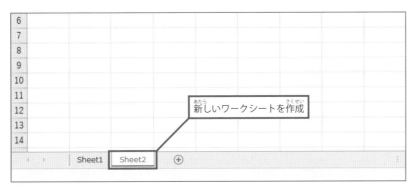

表を作成

（1）［Ctrl］キーを押しながら「Sheet1」をドラッグし、「Sheet1」のワークシートを複製してみましょう。

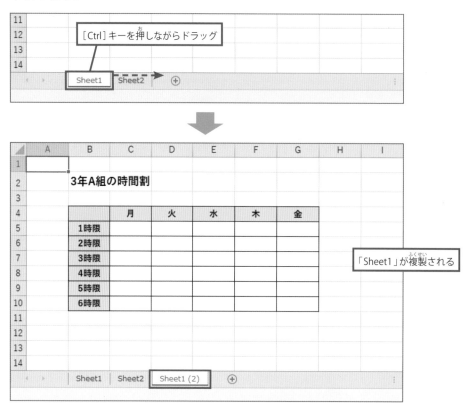

（2）複製したワークシートのB2セルのデータを「2年A組の時間割」に変更してみましょう。

（3）演習（1）〜（2）と同様の手順で、「2年B組の時間割」のワークシートを作成してみましょう。

「Sheet1」を複製

「2年B組の時間割」に変更

（1）「Sheet1」のシート名を「3年A組」に変更してみましょう。同様に、2枚目以降のシート名を「3年B組」、「2年A組」、「2年B組」に変更してみましょう。

シート名を変更

07-4　ワークシートの並べ替え

（1）ワークシートの並び順を以下のように変更してみましょう。

このように並べ替える

07-5　シート見出しの色

（1）シート見出しの色を以下のように変更してみましょう。

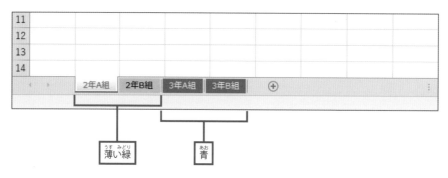

薄い緑

青

07-6　ワークシートの削除

（1）「2年B組」のワークシートを削除してみましょう。

「2年B組」を削除

（2）演習（1）で作成したワークシートを「07-6-2時間割」という名前でファイルに保存してみましょう。

Step 08 ワークシートの印刷

08-1 印刷プレビューの確認と印刷の実行

（1）ステップ04で保存した「04-4-3空席の状況」を開き、印刷プレビューを表示してみましょう。

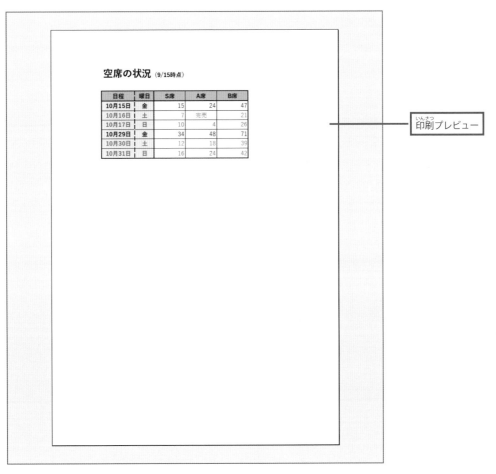

空席の状況 (9/15時点)

日程	曜日	S席	A席	B席
10月15日	金	15	24	47
10月16日	土	7	完売	21
10月17日	日	10	4	26
10月29日	金	34	48	71
10月30日	土	12	18	39
10月31日	日	16	24	42

印刷プレビュー

（2）そのまま印刷を実行してみましょう。

（1）ステップ07で保存した「07-6-2時間割」を開き、すべてのワークシートを印刷してみましょう。

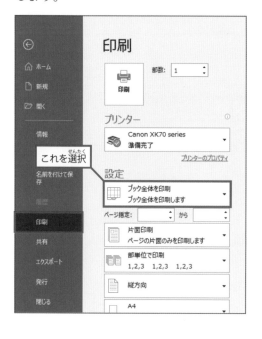

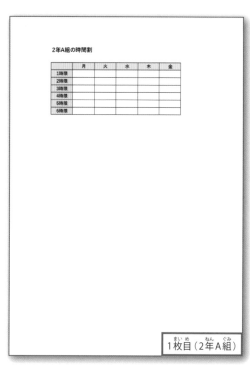

1枚目（2年A組）

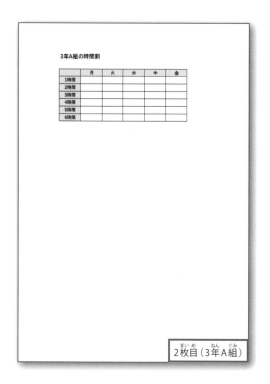

2枚目（3年A組）

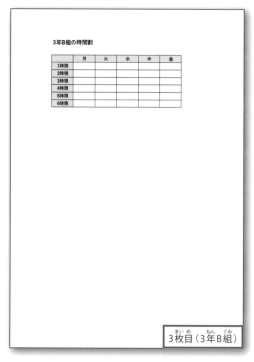

3枚目（3年B組）

（1）「08-3-0演習用」のExcelファイルをダウンロードし、画面表示を「ページ レイアウト」に切り替えてみましょう。

※ https://cutt.jp/books/978-4-87783-793-8/ からダウンロードできます。

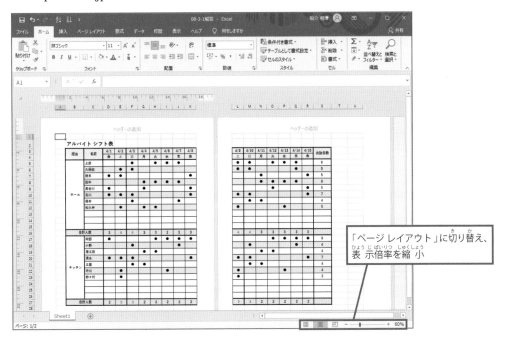

「ページ レイアウト」に切り替え、表示倍率を縮小

（2）用紙の向きを「横方向」に変更してみましょう。

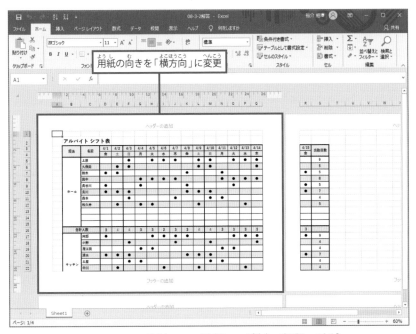

用紙の向きを「横方向」に変更

Hint：［ファイル］タブを選択し、「印刷」の項目で設定を変更します。

（1）画面表示を「改ページ プレビュー」に切り替えて、表全体が1枚の用紙に収まるように「ページを区切る位置」を調整してみましょう。

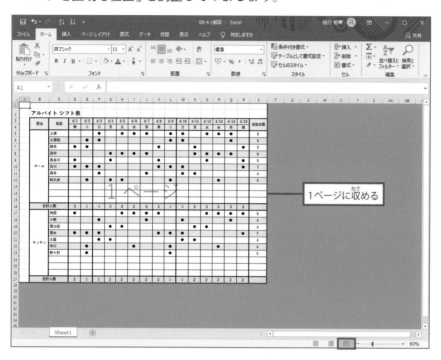

1ページに収める

（2）画面表示を「標準」に戻し、印刷プレビューを確認してみましょう。続いて、印刷を実行してみましょう。

数式の入力

09-1 数式の入力

（1）新しいワークシート（空白のブック）を開き、以下のように表を作成してみましょう。

品名	単価	数量	金額
コピー用紙	380	8	
封筒	200	5	
CD-R	480	3	
DVD-R	580	2	

	A	B	C	D	E	F	G	H	I
1									
2		品名	単価	数量	金額				
3		コピー用紙	380	8					
4		封筒	200	5					
5		CD-R	480	3					
6		DVD-R	580	2					
7									
8									
9									
10									

（2）E3 セルに「単価」×「数量」を計算する数式を入力してみましょう。

	A	B	C	D	E	F	G	H	I
1									
2		品名	単価	数量	金額				
3		コピー用紙	380	8	3040				
4		封筒	200	5					
5		CD-R	480	3					
6		DVD-R	580	2					
7									
8									
9									
10									

数式を入力
「単価」×「数量」

（1）オートフィルを使って「E3セルの数式」をコピーしてみましょう。

	A	B	C	D	E	F	G	H	I
1									
2		品名	単価	数量	金額				
3		コピー用紙	380	8	3040				
4		封筒	200	5	1000				
5		CD-R	480	3	1440				
6		DVD-R	580	2	1160				
7									
8									
9									

オートフィルで数式をコピー

（1）D8セルに「小計」と入力し、「太字、右揃え」を指定してみましょう。続いて、E8セルにE3～E6を足し算する数式を入力してみましょう。

	A	B	C	D	E	F	G	H	I
1									
2		品名	単価	数量	金額				
3		コピー用紙	380	8	3040				
4		封筒	200	5	1000				
5		CD-R	480	3	1440				
6		DVD-R	580	2	1160				
7									
8				小計	6640				
9									
10									
11									

数式を入力
E3～E6の足し算

太字、右揃え

（2）D9セルに「消費税」と入力し、「太字、右揃え」を指定してみましょう。続いて、E9セルに10%の消費税を計算する数式を入力してみましょう。

	A	B	C	D	E	F	G	H	I
1									
2		品名	単価	数量	金額				
3		コピー用紙	380	8	3040				
4		封筒	200	5	1000				
5		CD-R	480	3	1440				
6		DVD-R	580	2	1160				
7									
8				小計	6640				
9				消費税	664				
10									
11									
12									

数式を入力
「小計」× 0.1

太字、右揃え

（3）D10セルに「合計」と入力し、「太字、右揃え」を指定してみましょう。続いて、E10セルに合計を計算する数式を入力してみましょう。

	A	B	C	D	E	F	G	H	I
1									
2		品名	単価	数量	金額				
3		コピー用紙	380	8	3040				
4		封筒	200	5	1000				
5		CD-R	480	3	1440				
6		DVD-R	580	2	1160				
7									
8				小計	6640				
9				消費税	664				
10				合計	7304				
11									
12									

数式を入力
「小計」＋「消費税」

太字、右揃え

（4）各列の表示形式を以下のように変更してみましょう。続いて、「下太罫線」を描画し、E8～E10のセル範囲に太字を指定してみましょう。
- C列 ………… 通貨（記号：¥、小数点以下0桁）
- D列 ………… 数値（小数点以下0桁）
- E列 ………… 通貨（記号：¥、小数点以下0桁）

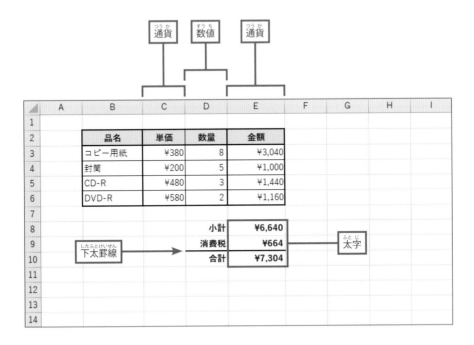

通貨　数値　通貨

	A	B	C	D	E	F	G	H	I
1									
2		品名	単価	数量	金額				
3		コピー用紙	¥380	8	¥3,040				
4		封筒	¥200	5	¥1,000				
5		CD-R	¥480	3	¥1,440				
6		DVD-R	¥580	2	¥1,160				
7									
8				小計	¥6,640				
9				消費税	¥664				
10				合計	¥7,304				
11									
12									
13									
14									

下太罫線

太字

（5）演習（4）で作成したワークシートを「09-3-5 金額の計算」という名前でファイルに保存してみましょう。

（1）「09-4-0演習用」のExcelファイルをダウンロードし、D6セルに割合を計算する数式を入力してみましょう。

※ https://cutt.jp/books/978-4-87783-793-8/ からダウンロードできます。

	A	B	C	D	E	F	G	H
1								
2		アンケート結果						
3								
4		【Q1】1日にどれくらいスマートフォンを利用しますか？						
5		選択肢	回答数	割合				
6		5時間以上	328	0.3367556				
7		4時間～5時間	116					
8		3時間～4時間	201					
9		2時間～3時間	137					
10		1時間～2時間	116					
11		30分～1時間	39					
12		30分未満	25					
13		全く使わない	12					
14		合計	974					
15								
16								
17								
18								

数式を入力
「回答数」÷「合計」

（2）オートフィルを使って「D6セルの数式」をコピーすると、エラーが発生することを確認してみましょう。また、エラーが発生する理由を考えてみましょう。

	A	B	C	D	E	F	G	H
1								
2		アンケート結果						
3								
4		【Q1】1日にどれくらいスマートフォンを利用しますか？						
5		選択肢	回答数	割合				
6		5時間以上	328	0.3367556				
7		4時間～5時間	116	#DIV/0!				
8		3時間～4時間	201	#DIV/0!				
9		2時間～3時間	137	#DIV/0!				
10		1時間～2時間	116	#DIV/0!				
11		30分～1時間	39	#DIV/0!				
12		30分未満	25	#DIV/0!				
13		全く使わない	12	#DIV/0!				
14		合計	974					
15								
16								
17								
18								

オートフィルで数式をコピー

（3）D6セルに入力した数式の分母を絶対参照に変更してみましょう。

D6		× ✓ f_x	=C6/$C$14					
	A	B	C	D	E	F	G	H

		アンケート結果				

絶対参照に変更

【Q1】1日にどれくらいスマートフォンを利用しますか？

選択肢	回答数	割合
5時間以上	328	0.3367556
4時間～5時間	116	#DIV/0!
3時間～4時間	201	#DIV/0!
2時間～3時間	137	#DIV/0!
1時間～2時間	116	#DIV/0!
30分～1時間	39	#DIV/0!
30分未満	25	#DIV/0!
全く使わない	12	#DIV/0!
合計	974	

MEMO

　セルを「絶対参照」で記述するときは、列番号と行番号の前に「$」（ドル）の記号を付けます。たとえば、C14セルの絶対参照は「$C$14」と記述します。

（4）オートフィルを使って「D6セルの数式」をコピーしてみましょう。

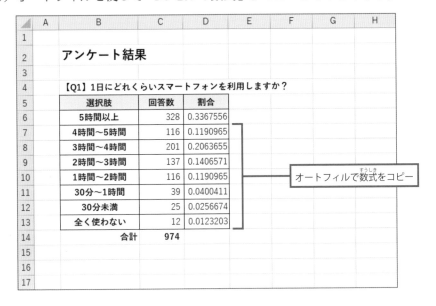

選択肢	回答数	割合
5時間以上	328	0.3367556
4時間～5時間	116	0.1190965
3時間～4時間	201	0.2063655
2時間～3時間	137	0.1406571
1時間～2時間	116	0.1190965
30分～1時間	39	0.0400411
30分未満	25	0.0256674
全く使わない	12	0.0123203
合計	974	

オートフィルで数式をコピー

【Q1】1日にどれくらいスマートフォンを利用しますか？

アンケート結果

絶対参照で記述したセルは、コピーしても自動修正されません。このため、常に「特定のセル」（C14）を使って計算することが可能となります。

	A	B	C	D	E	F	G
1							
2		**アンケート結果**					
3							
4		【Q1】1日にどれくらいスマートフォンを利用しますか？					
5		選択肢	回答数	割合			
6		5時間以上	328	=C6/$C$14			
7		4時間～5時間	116	0.1190965		=C7/$C$14	
8		3時間～4時間	201	0.2063655		=C8/$C$14	
9		2時間～3時間	137	0.1406571		=C9/$C$14	
10		1時間～2時間	116	0.1190965			
11		30分～1時間	39	0.0400411			
12		30分未満	25	0.0256674			
13		全く使わない	12	0.0123203			
14		合計	974		このセルが常に分母になる		
15							
16							

（5）D列の表示形式を「パーセンテージ」に変更し、小数点以下1桁まで表示してみましょう。

パーセンテージ

	A	B	C	D	E	F	G	H
1								
2		**アンケート結果**						
3								
4		【Q1】1日にどれくらいスマートフォンを利用しますか？						
5		選択肢	回答数	割合				
6		5時間以上	328	33.7%				
7		4時間～5時間	116	11.9%				
8		3時間～4時間	201	20.6%				
9		2時間～3時間	137	14.1%				
10		1時間～2時間	116	11.9%				
11		30分～1時間	39	4.0%				
12		30分未満	25	2.6%				
13		全く使わない	12	1.2%				
14		合計	974					
15								
16								

（6）演習（5）で作成したワークシートを「09-4-6アンケート」という名前でファイルに保存してみましょう。

関数の入力

10-1 合計を求める関数SUM

（1）ステップ09で保存した「09-4-6アンケート」を開き、∑（オートSUM）を使って「割合」の合計を求めてみましょう。

	A	B	C	D	E	F	G	H
1								
2		アンケート結果						
3								
4		【Q1】1日にどれくらいスマートフォンを利用しますか？						
5		選択肢	回答数	割合				
6		5時間以上	328	33.7%				
7		4時間～5時間	116	11.9%				
8		3時間～4時間	201	20.6%				
9		2時間～3時間	137	14.1%				
10		1時間～2時間	116	11.9%				
11		30分～1時間	39	4.0%				
12		30分未満	25	2.6%				
13		全く使わない	12	1.2%				
14		合計	974	100.0%				
15								
16								
17								

関数SUMを入力
（太字を指定）

MEMO

［ホーム］タブにある∑（オートSUM）をクリックすると、「合計を求める関数」（関数SUM）を入力できます。▾をクリックして、「平均を求める関数」などを入力することも可能です。

（2）ステップ09で保存した「09-3-5金額の計算」を開き、E8セルに入力した数式を削除してみましょう。

	A	B	C	D	E	F	G	H	I
1									
2		品名	単価	数量	金額				
3		コピー用紙	¥380	8	¥3,040				
4		封筒	¥200	5	¥1,000				
5		CD-R	¥480	3	¥1,440				
6		DVD-R	¥580	2	¥1,160				
7									
8				小計					
9				消費税	¥0				
10				合計	¥0				
11									
12									
13									
14									

数式を削除

¥0になる

MEMO

演習（2）で数式を削除すると、E8セルの値は0（ゼロ）とみなされます。このため、E8セルを使って計算する「消費税」や「合計」の値も変化します。各セルに入力されている数値や数式を変更すると、自動的に再計算が行われることを覚えておいてください。

（3）∑（オートSUM）を使って、E8セルに「小計」を求める関数を入力してみましょう。

	A	B	C	D	E	F	G	H	I
1									
2		品名	単価	数量	金額				
3		コピー用紙	¥380	8	¥3,040				
4		封筒	¥200	5	¥1,000				
5		CD-R	¥480	3	¥1,440				
6		DVD-R	¥580	2	¥1,160				
7									
8				小計	¥6,640				
9				消費税	¥664				
10				合計	¥7,304				
11									
12									
13									
14									

関数SUMを入力

再計算される

10-2 平均を求める関数 AVERAGE

（1）「10-2-0 演習用」のExcelファイルをダウンロードし、**Σ**（オートSUM）を使って「単語、文法、聞き取り」の平均を求める関数を入力してみましょう。

※ https://cutt.jp/books/978-4-87783-793-8/ からダウンロードできます。

（2）F5セルを選択し、数式バーで関数の記述を確認してみましょう。

（3）F5セルの関数を削除し、今度は自分の手で関数 AVERAGE を入力してみましょう。

	名前	単語	文法	聞き取り	平均点	合否
5	井上	75	82	69	=AVERAGE(C5:E5)	
6	小川	66	51	82		
7	木村	96	88	78		
8	後藤	55	91	72		
9	佐々木	68	71	75		
10	田中	81	76	77		
11	中山	61	64	58		
12	森	91	84	77		
13	山本	77	61	92		

英語のテスト結果

関数 AVERAGE を入 力

> **MEMO**
>
> 関数の記述方法を知っている場合は、Σ（オート SUM）を使わずに、自分の手で関数を入力しても構いません。

（4）オートフィルを使ってF5セルの関数をコピーしてみましょう。続いて、コピーされた関数の記述を確認してみましょう。

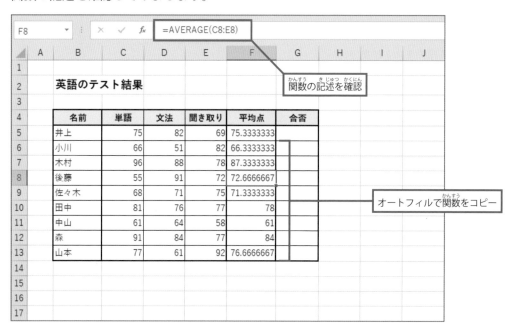

F8		× ✓ fx	=AVERAGE(C8:E8)	

関数の記述を確認

	名前	単語	文法	聞き取り	平均点	合否
5	井上	75	82	69	75.3333333	
6	小川	66	51	82	66.3333333	
7	木村	96	88	78	87.3333333	
8	後藤	55	91	72	72.6666667	
9	佐々木	68	71	75	71.3333333	
10	田中	81	76	77	78	
11	中山	61	64	58	61	
12	森	91	84	77	84	
13	山本	77	61	92	76.6666667	

英語のテスト結果

オートフィルで関数をコピー

（5）C～F列に「数値」の表示形式を指定し、「平均点」を小数点以下2桁まで表示してみましょう。

「数値」の表示形式

	A	B	C	D	E	F	G	H	I	J
1										
2		英語のテスト結果								
3										
4		名前	単語	文法	聞き取り	平均点	合否			
5		井上	75	82	69	75.33				
6		小川	66	51	82	66.33				
7		木村	96	88	78	87.33				
8		後藤	55	91	72	72.67				
9		佐々木	68	71	75	71.33				
10		田中	81	76	77	78.00				
11		中山	61	64	58	61.00				
12		森	91	84	77	84.00				
13		山本	77	61	92	76.67				
14										
15										
16										
17						小数点以下2桁				
18										

（6）C13セルの数値を「72」に変更し、「平均点」が再計算されることを確認してみましょう。

	A	B	C	D	E	F	G	H	I	J
1										
2		英語のテスト結果								
3										
4		名前	単語	文法	聞き取り	平均点	合否			
5		井上	75	82	69	75.33				
6		小川	66	51	82	66.33				
7		木村	96	88	78	87.33				
8		後藤	55	91	72	72.67				
9		佐々木	68	71	75	71.33				
10		田中	81	76	77	78.00				
11		中山	61	64	58	61.00				
12		森	91	84	77	84.00				
13		山本	72	61	92	75.00				
14										
15										
16			「72」に変更			再計算される				
17										
18										

（7）演習（6）で作成したワークシートを「10-2-7英語テスト」という名前でファイルに保存してみましょう。

関数 IF を使った条件分岐

11-1 条件に応じて「文字」を変更する関数IF

（1）ステップ10で保存した「10-2-7英語テスト」を開き、「合格」または「不合格」と表示する関数IFを入力してみましょう。

・「平均点」が70点以上の場合 ・・・・・・・・・・・・・・・・・「合格」と表示
・そうでない場合 ・・・・・・・・・・・・・・・・・・・・・・・・・・・・・・・「不合格」と表示

	名前	単語	文法	聞き取り	平均点	合否
	英語のテスト結果					
	井上	75	82	69	75.33	合格
	小川	66	51	82	66.33	
	木村	96	88	78	87.33	
	後藤	55	91	72	72.67	
	佐々木	68	71	75	71.33	
	田中	81	76	77	78.00	
	中山	61	64	58	61.00	
	森	91	84	77	84.00	
	山本	72	61	92	75.00	

関数IFを使って文字を表示

（2）オートフィルを使ってG5セルの関数IFをコピーしてみましょう。

	名前	単語	文法	聞き取り	平均点	合否
	英語のテスト結果					
	井上	75	82	69	75.33	合格
	小川	66	51	82	66.33	不合格
	木村	96	88	78	87.33	合格
	後藤	55	91	72	72.67	合格
	佐々木	68	71	75	71.33	合格
	田中	81	76	77	78.00	合格
	中山	61	64	58	61.00	不合格
	森	91	84	77	84.00	合格
	山本	72	61	92	75.00	合格

オートフィルで関数IFをコピー

（1）「11-2-0演習用」のExcelファイルをダウンロードし、以下のように「送料」を指定する関数IFを入力してみましょう。

　　　・「購入金額」が¥3,000未満の場合 ‥‥‥‥‥‥ 送料¥500（数値の500）
　　　・そうでない場合 ‥‥‥‥‥‥‥‥‥‥‥‥‥‥‥ 送料無料（数値の0）

※ https://cutt.jp/books/978-4-87783-793-8/ からダウンロードできます。

※ すでに、B～D列に「通貨」の表示形式を指定してあります。

	A	B	C	D	E	F	G	H
1	注文番号	購入金額	送料	合計金額				
2	F02400001	¥4,980	¥0					
3	F02400002	¥16,880						
4	F02400003	¥950						
5	F02400004	¥3,020						
6	F02400005	¥2,860						
7	F02400006	¥29,800						
8	F02400007	¥1,580						
9	F02400008	¥8,250						
10	F02400009	¥4,340						
11	F02400010	¥1,600						
12	F02400011	¥9,480						
13	F02400012	¥10,540						
14	F02400013	¥8,800						
15	F02400014	¥3,860						
16								
17								
18								

関数IFを使って送料を表示

（2）オートフィルを使ってC2セルの関数IFをコピーしてみましょう。

	A	B	C	D	E	F	G	H
1	注文番号	購入金額	送料	合計金額				
2	F02400001	¥4,980	¥0					
3	F02400002	¥16,880	¥0					
4	F02400003	¥950	¥500					
5	F02400004	¥3,020	¥0					
6	F02400005	¥2,860	¥500					
7	F02400006	¥29,800	¥0					
8	F02400007	¥1,580	¥500					
9	F02400008	¥8,250	¥0					
10	F02400009	¥4,340	¥0					
11	F02400010	¥1,600	¥500					
12	F02400011	¥9,480	¥0					
13	F02400012	¥10,540	¥0					
14	F02400013	¥8,800	¥0					
15	F02400014	¥3,860	¥0					
16								
17								
18								

オートフィルで関数IFをコピー

（3）D2セルに「合計金額」を求める数式を入力し、オートフィルでコピーしてみましょう。

	A	B	C	D	E	F	G	H
1	注文番号	購入金額	送料	合計金額				
2	F02400001	¥4,980	¥0	¥4,980				
3	F02400002	¥16,880	¥0	¥16,880				
4	F02400003	¥950	¥500	¥1,450				
5	F02400004	¥3,020	¥0	¥3,020				
6	F02400005	¥2,860	¥500	¥3,360				
7	F02400006	¥29,800	¥0	¥29,800				
8	F02400007	¥1,580	¥500	¥2,080				
9	F02400008	¥8,250	¥0	¥8,250				
10	F02400009	¥4,340	¥0	¥4,340				
11	F02400010	¥1,600	¥500	¥2,100				
12	F02400011	¥9,480	¥0	¥9,480				
13	F02400012	¥10,540	¥0	¥10,540				
14	F02400013	¥8,800	¥0	¥8,800				
15	F02400014	¥3,860	¥0	¥3,860				
16								
17								
18								
19								
20								

数式を入力
「購入金額」＋「送料」

オートフィルで数式コピー

（4）B6セルの数値を「3280」に変更すると、「送料」と「合計金額」が再計算されることを確認してみましょう。

	A	B	C	D	E	F	G	H
1	注文番号	購入金額	送料	合計金額				
2	F02400001	¥4,980	¥0	¥4,980				
3	F02400002	¥16,880	¥0	¥16,880				
4	F02400003	¥950	¥500	¥1,450				
5	F02400004	¥3,020	¥0	¥3,020				
6	F02400005	¥3,280	¥0	¥3,280				
7	F02400006	¥29,800	¥0	¥29,800				
8	F02400007	¥1,580	¥500	¥2,080				
9	F02400008	¥8,250	¥0	¥8,250				
10	F02400009	¥4,340	¥0	¥4,340				
11	F02400010	¥1,600	¥500	¥2,100				
12	F02400011	¥9,480	¥0	¥9,480				
13	F02400012	¥10,540	¥0	¥10,540				
14	F02400013	¥8,800	¥0	¥8,800				
15	F02400014	¥3,860	¥0	¥3,860				
16								
17								
18								
19								
20								

再計算される

「3280」に変更

Step 12 グラフの作成と編集

12-1 グラフの作成

（1）「12-1-0演習用」のExcelファイルをダウンロードし、「積み上げ縦棒」のグラフを作成してみましょう。

※ https://cutt.jp/books/978-4-87783-793-8/ からダウンロードできます。

	0〜14歳	15〜64歳	65〜74歳	75歳以上	総数
2020年	1,507	7,406	1,747	1,872	12,532
2025年	1,407	7,170	1,497	2,180	12,254
2030年	1,321	6,875	1,428	2,288	11,913
2035年	1,246	6,494	1,522	2,260	11,522
2040年	1,194	5,978	1,681	2,239	11,092
2045年	1,138	5,584	1,643	2,277	10,642
2050年	1,077	5,275	1,424	2,417	10,192
2055年	1,012	5,028	1,258	2,446	9,744
2060年	951	4,793	1,154	2,387	9,284
2065年	898	4,529	1,133	2,248	8,808

日本の人口推移（推計値、単位；万人）

出典：令和2年版高齢社会白書（内閣府）

この範囲をグラフ化する

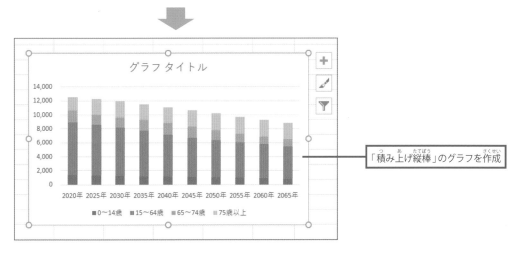

「積み上げ縦棒」のグラフを作成

（2）グラフを表の下へ移動し、サイズを大きくしてみましょう。

日本の人口推移 （推計値、単位；万人）

	0～14歳	15～64歳	65～74歳	75歳以上	総数
2020年	1,507	7,406	1,747	1,872	12,532
2025年	1,407	7,170	1,497	2,180	12,254
2030年	1,321	6,875	1,428	2,288	11,913
2035年	1,246	6,494	1,522	2,260	11,522
2040年	1,194	5,978	1,681	2,239	11,092
2045年	1,138	5,584	1,643	2,277	10,642
2050年	1,077	5,275	1,424	2,417	10,192
2055年	1,012	5,028	1,258	2,446	9,744
2060年	951	4,793	1,154	2,387	9,284
2065年	898	4,529	1,133	2,248	8,808

出典：令和2年版高齢社会白書（内閣府）

ここへ移動し、
サイズを大きくする

グラフ タイトル

■0～14歳　■15～64歳　■65～74歳　■75歳以上

（3）グラフ タイトルに「人口推移の予測」と入力してみましょう。

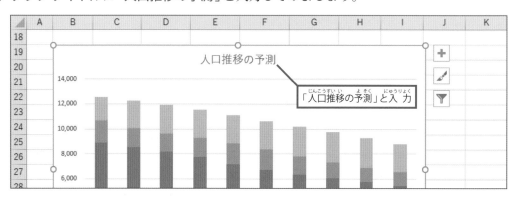

人口推移の予測

「人口推移の予測」と入力

（1）グラフの種類を「積み上げ横棒」に変更してみましょう。

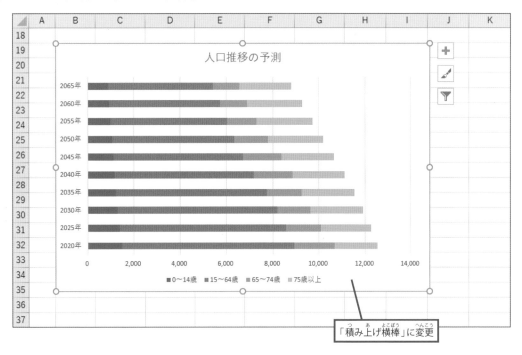

「積み上げ横棒」に変更

（1）横軸の軸ラベルを表示し、「人口（万人）」と入力してみましょう。

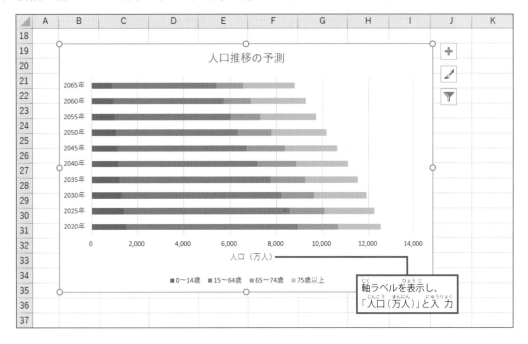

軸ラベルを表示し、
「人口（万人）」と入力

（2）グラフ スタイルを「スタイル8」に変更してみましょう。

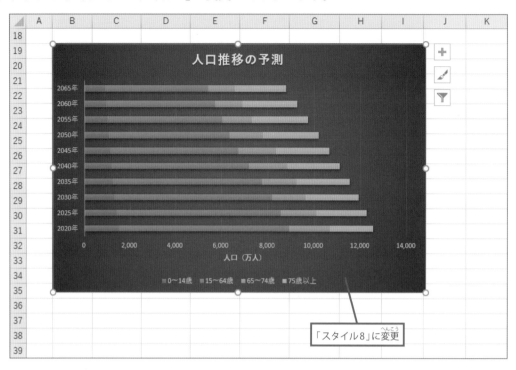

「スタイル8」に変更

（3）グラフ ツールの［デザイン］タブにある「色の変更」を使って、グラフ全体の配色を「モノクロ パレット1」に変更してみましょう。

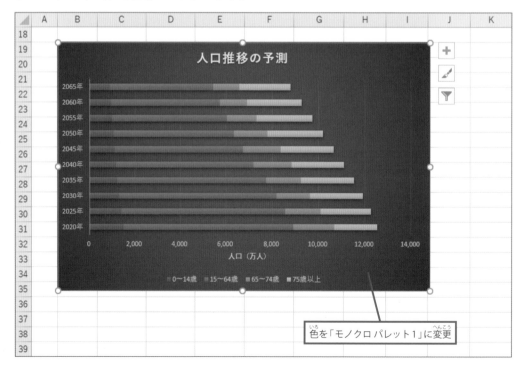

色を「モノクロ パレット1」に変更

（4）各系列の色を以下のように変更してみましょう。

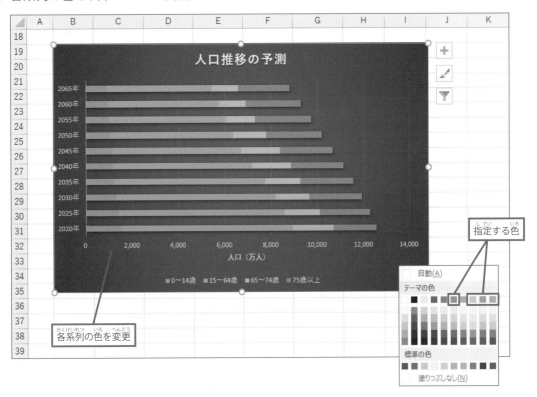

（5）「2020年」のグラフが一番上になるように、縦軸を反転してみましょう。

Hint：縦軸を右クリックし、「軸の書式設定」で「軸を反転する」をONにします。

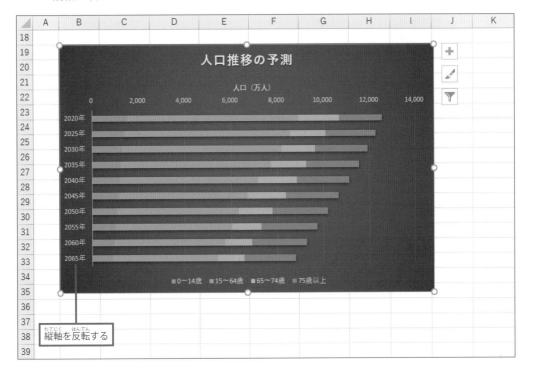

（6）横軸の軸ラベルを消去してみましょう。続いて、データ ラベルを表示してみましょう。

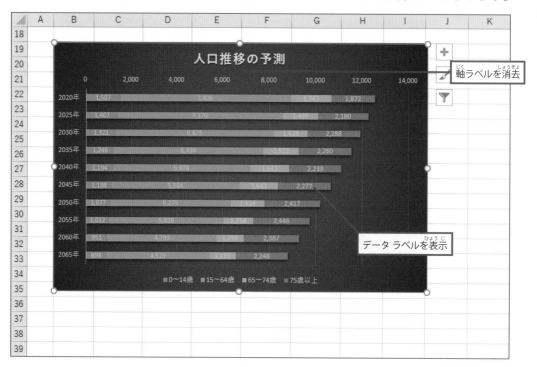

軸ラベルを消去

データ ラベルを表示

（7）データ ラベルの文字の色を「黒」（自動）に変更してみましょう。

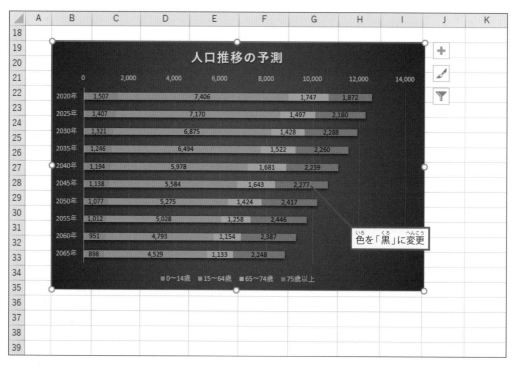

色を「黒」に変更

（8）横軸の数値の範囲を「0～13,000」に変更してみましょう。

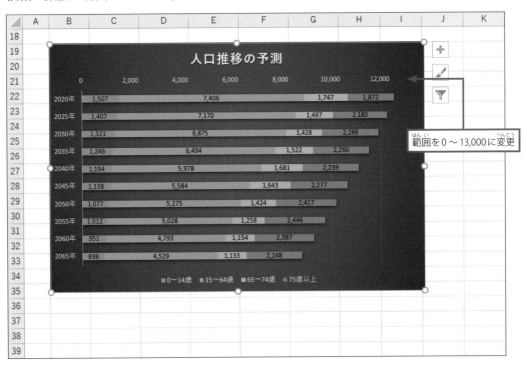

（9）グラフ フィルターを使って、2025～2065年のデータを10年間隔で表示するグラフに変更してみましょう。

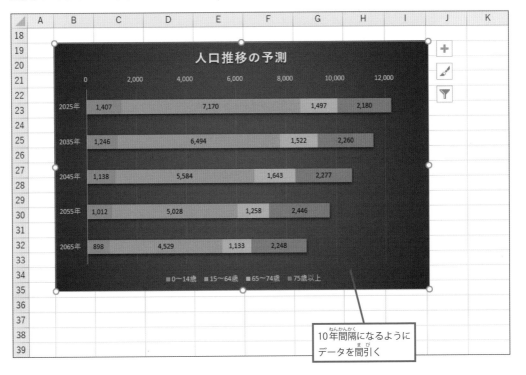

Step 13 並べ替えとふりがな

13-1 データを数値順に並べ替え

（1）「13-1-0演習用」のExcelファイルをダウンロードし、「売上」の大きい順に表を並べ替えてみましょう。

※ https://cutt.jp/books/978-4-87783-793-8/ からダウンロードできます。

	A	B	C	D	E	F	G	H	I	J	K
1											
2	Tシャツの売上実績										
3											
4	ID	デザイン	色	Size	価格	店舗販売数	Web販売数	合計販売数	売上		
5	T0008	ペンギンの行進	白	M	¥1,800	403	240	643	¥1,157,400		
6	T0009	ペンギンの行進	白	S	¥1,800	361	206	567	¥1,020,600		
7	T0007	ペンギンの行進	白	L	¥1,800	305	167	472	¥849,600		
8	T0005	金魚と花火	紺	M	¥2,200	205	174	379	¥833,800		
9	T0011	錦鯉	黒	M	¥1,800	105	354	459	¥826,200		
10	T0006	金魚と花火	紺	S	¥2,200	163	154	317	¥697,400		
11	T0035	2羽の鶴	黒	M	¥2,000	121	220	341	¥682,000		
12	T0012	錦鯉	黒	S	¥1,800	89	261	350	¥630,000		
13	T0002	金魚と花火	白	M	¥2,200	135	142	277	¥609,400		
14	T0036	2羽の鶴	黒	S	¥2,000	103	167	270	¥540,000		
15	T0010	錦鯉	黒	L	¥1,800	66	218	284	¥511,200		
16	T0004	金魚と花火	紺	L	¥2,200	121	103	224	¥492,800		
17	T0034	2羽の鶴	黒	L	¥2,000	74	154	228	¥456,000		
18	T0032	2羽の鶴	白	M	¥2,000	96	121	217	¥434,000		
19	T0003	金魚と花火	白	S	¥2,200	93	75	168	¥369,600		
20	T0026	アライグマ	黒	M	¥1,800	123	80	203	¥365,400		
21	T0031	2羽の鶴	白	L	¥2,000	81	101	182	¥364,000		
22	T0001	金魚と花火	白	L	¥2,200	71	80	151	¥332,200		
23	T0027	アライグマ	黒	S	¥1,800	105	65	170	¥306,000		
24	T0029	アライグマ	緑	M	¥1,800	99	63	162	¥291,600		
25	T0033	2羽の鶴	白	S	¥2,000	54	87	141	¥282,000		
26	T0023	カラフルな水玉	白	M	¥1,600	101	67	168	¥268,800		
27	T0025	アライグマ	黒	L	¥1,800	77	55	132	¥237,600		
28	T0014	走るダチョウ	白	M	¥1,600	76	66	142	¥227,200		
29	T0024	カラフルな水玉	白	S	¥1,600	83	57	140	¥224,000		

「売上」の大きい順に並べ替え

（2）「Web販売数」の大きい順に表を並べ替えてみましょう。

「Web販売数」の大きい順に並べ替え

Tシャツの売上実績

ID	デザイン	色	Size	価格	店舗販売数	Web販売数	合計販売数	売上
T0011	錦鯉	黒	M	¥1,800	105	354	459	¥826,200
T0012	錦鯉	黒	S	¥1,800	89	261	350	¥630,000
T0008	ペンギンの行進	白	M	¥1,800	403	240	643	¥1,157,400
T0035	2羽の鶴	黒	M	¥2,000	121	220	341	¥682,000
T0010	錦鯉	黒	L	¥1,800	66	218	284	¥511,200
T0009	ペンギンの行進	白	S	¥1,800	361	206	567	¥1,020,600
T0005	金魚と花火	紺	M	¥2,200	205	174	379	¥833,800
T0007	ペンギンの行進	白	L	¥1,800	305	167	472	¥849,600
T0036	2羽の鶴	黒	S	¥2,000	103	167	270	¥540,000
T0006	金魚と花火	紺	S	¥2,200	163	154	317	¥697,400
T0034	2羽の鶴	黒	L	¥2,000	74	154	228	¥456,000
T0002	金魚と花火	白	M	¥2,200	135	142	277	¥609,400
T0032	2羽の鶴	白	M	¥2,000	96	121	217	¥434,000
T0004	金魚と花火	紺	L	¥2,200	121	103	224	¥492,800
T0031	2羽の鶴	白	L	¥2,000	81	101	182	¥364,000
T0033	2羽の鶴	白	S	¥2,000	54	87	141	¥282,000
T0026	アライグマ	黒	M	¥1,800	123	80	203	¥365,400
T0001	金魚と花火	白	L	¥2,200	71	80	151	¥332,200

（3）元の順番に表を並べ替えてみましょう。

元の順番に並べ替え

Tシャツの売上実績

ID	デザイン	色	Size	価格	店舗販売数	Web販売数	合計販売数	売上
T0001	金魚と花火	白	L	¥2,200	71	80	151	¥332,200
T0002	金魚と花火	白	M	¥2,200	135	142	277	¥609,400
T0003	金魚と花火	白	S	¥2,200	93	75	168	¥369,600
T0004	金魚と花火	紺	L	¥2,200	121	103	224	¥492,800
T0005	金魚と花火	紺	M	¥2,200	205	174	379	¥833,800
T0006	金魚と花火	紺	S	¥2,200	163	154	317	¥697,400
T0007	ペンギンの行進	白	L	¥1,800	305	167	472	¥849,600
T0008	ペンギンの行進	白	M	¥1,800	403	240	643	¥1,157,400
T0009	ペンギンの行進	白	S	¥1,800	361	206	567	¥1,020,600
T0010	錦鯉	黒	L	¥1,800	66	218	284	¥511,200
T0011	錦鯉	黒	M	¥1,800	105	354	459	¥826,200
T0012	錦鯉	黒	S	¥1,800	89	261	350	¥630,000
T0013	走るダチョウ	白	L	¥1,600	36	38	74	¥118,400
T0014	走るダチョウ	白	M	¥1,600	76	66	142	¥227,200
T0015	走るダチョウ	白	S	¥1,600	40	41	81	¥129,600
T0016	走るダチョウ	赤	L	¥1,600	17	21	38	¥60,800
T0017	走るダチョウ	赤	M	¥1,600	36	35	71	¥113,600
T0018	走るダチョウ	赤	S	¥1,600	19	25	44	¥70,400

Hint：「ID」の列を基準に並べ替えを行います。

13-2 データを50音順に並べ替え

（1）「13-2-0演習用」のExcelファイルをダウンロードし、「氏名」の50音順に表を並べ替えてみましょう。

	A	B	C	D	E	F	G
1							
2	ユーザー登録者の一覧		「氏名」の50音順に並べ替え				
3							
4	ID	氏名	メールアドレス	電話番号	生年月日		
5	A00009	青山 あすか	aoyama@?????.ne.jp	090-3333-6666	1985/4/29		
6	A00011	新城 健一	sinjo@?????.ne.jp	080-2222-5555	1948/3/14		
7	A00012	石井 桃子	ishi@?????.ne.jp	080-8888-0000	1969/1/24		
8	A00017	石川 加奈	isikawa@?????.ne.jp	090-7777-3333	2004/8/27		
9	A00024	伊藤 恭介	ito@?????.ne.jp	080-9999-1111	1963/7/8		
10	A00020	大垣 智也	ohgaki@?????.ne.jp	090-0000-4444	2002/2/7		
11	A00010	加藤 美羽	kato@?????.ne.jp	090-9999-7777	1967/3/23		
12	A00034	岸田 陸	kishida@?????.ne.jp	080-6666-6666	1982/9/20		
13	A00016	木村 ひとみ	kimura@?????.ne.jp	080-7777-1111	1952/4/13		
14	A00008	工藤 裕樹	kudo@?????.ne.jp	090-0000-2222	1981/11/11		
15	A00022	小泉 さくら	koizumi@?????.ne.jp	090-9999-5555	1962/2/9		
16	A00013	坂本 秀樹	sakamoto@?????.ne.jp	090-5555-2222	1963/1/19		
17	A00005	佐々木 春香	sasaki@?????.ne.jp	090-8888-7777	1961/10/29		
18	A00003	笹田 亮平	sasada@?????.ne.jp	080-9999-9999	1981/7/29		
19	A00026	佐藤 裕樹	sato@?????.ne.jp	080-7777-7777	1956/11/24		

13-3 ふりがなの表示と編集

（1）B列にふりがなを表示し、画面の表示倍率を大きくしてみましょう。

	A	B	C	D
1				
2	ユーザー登録者の一覧		ふりがなを表示	表示倍率を拡大
3				
4	ID	シメイ 氏名	メールアドレス	電話番号
5	A00009	アオヤマ 青山 あすか	aoyama@?????.ne.jp	090-3333-6666
6	A00011	アラシロ ケンイチ 新城 健一	sinjo@?????.ne.jp	080-2222-5555
7	A00012	イシイ モモコ 石井 桃子	ishi@?????.ne.jp	080-8888-0000
8	A00017	イシカワ カナ 石川 加奈	isikawa@?????.ne.jp	090-7777-3333
9	A00024	イトウ キョウスケ 伊藤 恭介	ito@?????.ne.jp	080-9999-1111

（2）「新城」のふりがなを「しんじょう」に修正してみましょう。

	A	B	C	D
1				
2	ユーザー登録者の一覧		ふりがなを「しんじょう」に修正	
3				
4	ID	シメイ 氏名	メールアドレス	電話番号
5	A00009	アオヤマ 青山 あすか	aoyama@?????.ne.jp	090-3333-6666
6	A00011	シンジョウ ケンイチ 新城 健一	sinjo@?????.ne.jp	080-2222-5555
7	A00012	イシイ モモコ 石井 桃子	ishi@?????.ne.jp	080-8888-0000
8	A00017	イシカワ カナ 石川 加奈	isikawa@?????.ne.jp	090-7777-3333
9	A00024	イトウ キョウスケ 伊藤 恭介	ito@?????.ne.jp	080-9999-1111

（3）B列のふりがなを非表示に戻して、画面の表示倍率を100％にしてみましょう。

	A	B	C	D	E	F	G
1							
2	ユーザー登録者の一覧					表示倍率100％	
3							
4	ID	氏名	メールアドレス	電話番号	生年月日		
5	A00009	青山 あすか	aoyama@?????.ne.jp	090-3333-6666	1985/4/29		
6	A00011	新城 健一	sinjo@?????.ne.jp	080-2222-5555	1948/3/14		
7	A00012	石井 桃子	ishi@?????.ne.jp	080-8888-0000	1969/1/24		
8	A00017	石川 加奈	isikawa@?????.ne.jp	090-7777-3333	2004/8/27		
9	A00024	伊藤 恭介	ito@?????.ne.jp	080-9999-1111	1963/7/8		
10	A00020	大垣 智也	ohgaki@?????.ne.jp	090-0000-4444	2002/2/7		
11	A00010	加藤 美羽	kato@?????.ne.jp	090-9999-7777	1967/3/23		
12	A00034	岸田 陸	kishida@?????.ne.jp	080-6666-6666	1982/9/20		
13	A00016	木村 ひとみ	kimura@?????.ne.jp	080-7777-1111	1952/4/13		
14	A00008	工藤 裕樹	kudo@?????.ne.jp	090-0000-2222	1981/11/11		
15	A00022	小泉 さくら	koizumi@?????.ne.jp	090-9999-5555	1962/2/9		
16	A00013	坂本 秀樹	sakamoto@?????.ne.jp	090-5555-2222	1963/1/19		
17	A00005	佐々木 春香	sasaki@?????.ne.jp	090-8888-7777	1961/10/29		
18	A00003	笹田 亮平	sasada@?????.ne.jp	080-9999-9999	1981/7/29		
19	A00026	佐藤 裕樹	sato@?????.ne.jp	080-7777-7777	1956/11/24		
20	A00028	田中 凛	tanaka@?????.ne.jp	080-4444-7777	1979/9/11		
21	A00025	津田 博	tsuda@?????.ne.jp	090-1111-6666	1984/9/24		
22	A00006	中村 さゆり	nakamura@?????.ne.jp	090-2222-3333	1993/5/31		

ふりがなを非表示

（4）もういちど「氏名」の50音順に表を並べ替えてみましょう。

	A	B	C	D	E	F	G
1							
2	ユーザー登録者の一覧						
3							
4	ID	氏名	メールアドレス	電話番号	生年月日		
5	A00009	青山 あすか	aoyama@?????.ne.jp	090-3333-6666	1985/4/29		
6	A00012	石井 桃子	ishi@?????.ne.jp	080-8888-0000	1969/1/24		
7	A00017	石川 加奈	isikawa@?????.ne.jp	090-7777-3333	2004/8/27		
8	A00024	伊藤 恭介	ito@?????.ne.jp	080-9999-1111	1963/7/8		
9	A00020	大垣 智也	ohgaki@?????.ne.jp	090-0000-4444	2002/2/7		
10	A00010	加藤 美羽	kato@?????.ne.jp	090-9999-7777	1967/3/23		
11	A00034	岸田 陸	kishida@?????.ne.jp	080-6666-6666	1982/9/20		
12	A00016	木村 ひとみ	kimura@?????.ne.jp	080-7777-1111	1952/4/13		
13	A00008	工藤 裕樹	kudo@?????.ne.jp	090-0000-2222	1981/11/11		
14	A00022	小泉 さくら	koizumi@?????.ne.jp	090-9999-5555	1962/2/9		
15	A00013	坂本 秀樹	sakamoto@?????.ne.jp	090-5555-2222	1963/1/19		
16	A00005	佐々木 春香	sasaki@?????.ne.jp	090-8888-7777	1961/10/29		
17	A00003	笹田 亮平	sasada@?????.ne.jp	080-9999-9999	1981/7/29		
18	A00026	佐藤 裕樹	sato@?????.ne.jp	080-7777-7777	1956/11/24		
19	A00011	新城 健一	sinjo@?????.ne.jp	080-2222-5555	1948/3/14		
20	A00028	田中 凛	tanaka@?????.ne.jp	080-4444-7777	1979/9/11		
21	A00025	津田 博	tsuda@?????.ne.jp	090-1111-6666	1984/9/24		
22	A00006	中村 さゆり	nakamura@?????.ne.jp	090-2222-3333	1993/5/31		

並び順が変更される

「氏名」の50音順に並べ替え

MEMO

　Excelは、データを入力したときの「読み」を「ふりがな」として記録する仕組みになっています。このため、間違った「読み」で漢字を入力すると、正しい50音順になりません。正しい50音順に並べ替えるには、「ふりがな」を修正する必要があります。

ふりがなは「あらしろ」

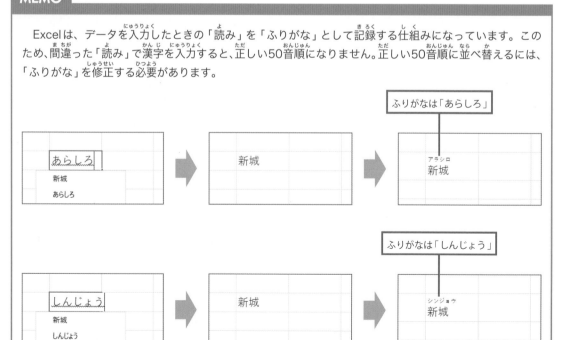

ふりがなは「しんじょう」

Step 14 フィルターの活用

14-1 フィルターの開始

（1）「14-1-0演習用」のExcelファイルをダウンロードし、フィルターを有効にしてみましょう。
　　※ https://cutt.jp/books/978-4-87783-793-8/ からダウンロードできます。

▼ を表示

Tシャツの売上実績

ID	デザイン	色	Size	価格	店舗販売数	Web販売数	合計販売数	売上
T0001	金魚と花火	白	L	¥2,200	71	80	151	¥332,200
T0002	金魚と花火	白	M	¥2,200	135	142	277	¥609,400
T0003	金魚と花火	白	S	¥2,200	93	75	168	¥369,600
T0004	金魚と花火	紺	L	¥2,200	121	103	224	¥492,800
T0005	金魚と花火	紺	M	¥2,200	205	174	379	¥833,800
T0006	金魚と花火	紺	S	¥2,200	163	154	317	¥697,400
T0007	ペンギンの行進	白	L	¥1,800	305	167	472	¥849,600
T0008	ペンギンの行進	白	M	¥1,800	403	240	643	¥1,157,400
T0009	ペンギンの行進	白	S	¥1,800	361	206	567	¥1,020,600
T0010	錦鯉	黒	L	¥1,800	66	218	284	¥511,200
T0011	錦鯉	黒	M	¥1,800	105	354	459	¥826,200
T0012	錦鯉	黒	S	¥1,800	89	261	350	¥630,000
T0013	走るダチョウ	白	L	¥1,600	36	38	74	¥118,400
T0014	走るダチョウ	白	M	¥1,600	76	66	142	¥227,200
T0015	走るダチョウ	白	S	¥1,600	40	41	81	¥129,600
T0016	走るダチョウ	赤	L	¥1,600	17	21	38	¥60,800
T0017	走るダチョウ	赤	M	¥1,600	36	35	71	¥113,600
T0018	走るダチョウ	赤	S	¥1,600	19	25	44	¥70,400
T0019	走るダチョウ	黄	L	¥1,600	22	18	40	¥64,000
T0020	走るダチョウ	黄	M	¥1,600	41	33	74	¥118,400
T0021	走るダチョウ	黄	S	¥1,600	16	18	34	¥54,400
T0022	カラフルな水玉	白	L	¥1,600	54	31	85	¥136,000
T0023	カラフルな水玉	白	M	¥1,600	101	67	168	¥268,800
T0024	カラフルな水玉	白	S	¥1,600	83	57	140	¥224,000
T0025	アライグマ	黒	L	¥1,800	77	55	132	¥237,600

14-2 文字のフィルター

（1）フィルターを使ってデザインが「ヒマワリ」のデータだけを抽出してみましょう。

	A	B	C	D	E	F	G	H	I	J	K
1											
2	**Tシャツの売上実績**										
3											
4	ID	デザイン	色	Siz	価格	店舗販売	Web販売	合計販売	売上		
41	T0037	ヒマワリ	赤	L	¥1,600	34	19	53	¥84,800		
42	T0038	ヒマワリ	赤	M	¥1,600	68	32	100	¥160,000		
43	T0039	ヒマワリ	赤	S	¥1,600	41	25	66	¥105,600		
44	T0040	ヒマワリ	青	L	¥1,600	41	22	63	¥100,800		
45	T0041	ヒマワリ	青	M	¥1,600	76	38	114	¥182,400		
46	T0042	ヒマワリ	青	S	¥1,600	57	29	86	¥137,600		
47	T0043	ヒマワリ	黄	L	¥1,600	40	23	63	¥100,800		
48	T0044	ヒマワリ	黄	M	¥1,600	81	40	121	¥193,600		
49	T0045	ヒマワリ	黄	S	¥1,600	68	34	102	¥163,200		
50											
51											
52											
53											
54											
55											

「ヒマワリ」のデータだけを抽出

（2）デザインの条件を解除し、すべてのデータを画面に表示してみましょう。

条件を解除

	A	B	C	D	E	F	G	H	I	J	K
1											
2	**Tシャツの売上実績**										
3											
4	ID	デザイン	色	Siz	価格	店舗販売	Web販売	合計販売	売上		
5	T0001	金魚と花火	白	L	¥2,200	71	80	151	¥332,200		
6	T0002	金魚と花火	白	M	¥2,200	135	142	277	¥609,400		
7	T0003	金魚と花火	白	S	¥2,200	93	75	168	¥369,600		
8	T0004	金魚と花火	紺	L	¥2,200	121	103	224	¥492,800		
9	T0005	金魚と花火	紺	M	¥2,200	205	174	379	¥833,800		
10	T0006	金魚と花火	紺	S	¥2,200	163	154	317	¥697,400		
11	T0007	ペンギンの行進	白	L	¥1,800	305	167	472	¥849,600		
12	T0008	ペンギンの行進	白	M	¥1,800	403	240	643	¥1,157,400		
13	T0009	ペンギンの行進	白	S	¥1,800	361	206	567	¥1,020,600		
14	T0010	錦鯉	黒	L	¥1,800	66	218	284	¥511,200		
15	T0011	錦鯉	黒	M	¥1,800	105	354	459	¥826,200		
16	T0012	錦鯉	黒	S	¥1,800	89	261	350	¥630,000		
17	T0013	走るダチョウ	白	L	¥1,600	36	38	74	¥118,400		
18	T0014	走るダチョウ	白	M	¥1,600	76	66	142	¥227,200		
19	T0015	走るダチョウ	白	S	¥1,600	40	41	81	¥129,600		
20	T0016	走るダチョウ	赤	L	¥1,600	17	21	38	¥60,800		
21	T0017	走るダチョウ	赤	M	¥1,600	36	35	71	¥113,600		
22	T0018	走るダチョウ	赤	S	¥1,600	19	25	44	¥70,400		
23	T0019	走るダチョウ	黄	L	¥1,600	22	18	40	¥64,000		

（3）フィルターを使って色が「黒」または「紺」のデータだけを抽出してみましょう。

	A	B	C	D	E	F	G	H	I
2	Tシャツの売上実績								
4	ID	デザイン	色	Size	価格	店舗販売数	Web販売数	合計販売数	売上
8	T0004	金魚と花火	紺	L	¥2,200	121	103	224	¥492,800
9	T0005	金魚と花火	紺	M	¥2,200	205	174	379	¥833,800
10	T0006	金魚と花火	紺	S	¥2,200	163	154	317	¥697,400
14	T0010	錦鯉	黒	L	¥1,800	66	218	284	¥511,200
15	T0011	錦鯉	黒	M	¥1,800	105	354	459	¥826,200
16	T0012	錦鯉	黒	S	¥1,800	89	261	350	¥630,000
29	T0025	アライグマ	黒	L	¥1,800	77	55	132	¥237,600
30	T0026	アライグマ	黒	M	¥1,800	123	80	203	¥365,400
31	T0027	アライグマ	黒	S	¥1,800	105	65	170	¥306,000
38	T0034	2羽の鶴	黒	L	¥2,000	74	154	228	¥456,000
39	T0035	2羽の鶴	黒	M	¥2,000	121	220	341	¥682,000
40	T0036	2羽の鶴	黒	S	¥2,000	103	167	270	¥540,000

「黒」または「紺」のデータだけを抽出

（4）さらに、Sizeが「M」という条件を追加してみましょう。

	A	B	C	D	E	F	G	H	I
2	Tシャツの売上実績								
4	ID	デザイン	色	Size	価格	店舗販売数	Web販売数	合計販売数	売上
9	T0005	金魚と花火	紺	M	¥2,200	205	174	379	¥833,800
15	T0011	錦鯉	黒	M	¥1,800	105	354	459	¥826,200
30	T0026	アライグマ	黒	M	¥1,800	123	80	203	¥365,400
39	T0035	2羽の鶴	黒	M	¥2,000	121	220	341	¥682,000

「M」のデータだけを抽出

「黒」または「紺」のデータだけを抽出

（5）［データ］タブにある「クリア」をクリックして、すべての条件を解除してみましょう。

すべての条件を解除

	A	B	C	D	E	F	G	H	I	J	K
1											
2	Tシャツの売上実績										
3											
4	ID	デザイン	色	Siz	価格	店舗販売	Web販売	合計販売	売上		
5	T0001	金魚と花火	白	L	¥2,200	71	80	151	¥332,200		
6	T0002	金魚と花火	白	M	¥2,200	135	142	277	¥609,400		
7	T0003	金魚と花火	白	S	¥2,200	93	75	168	¥369,600		
8	T0004	金魚と花火	紺	L	¥2,200	121	103	224	¥492,800		
9	T0005	金魚と花火	紺	M	¥2,200	205	174	379	¥833,800		
10	T0006	金魚と花火	紺	S	¥2,200	163	154	317	¥697,400		
11	T0007	ペンギンの行進	白	L	¥1,800	305	167	472	¥849,600		
12	T0008	ペンギンの行進	白	M	¥1,800	403	240	643	¥1,157,400		
13	T0009	ペンギンの行進	白	S	¥1,800	361	206	567	¥1,020,600		
14	T0010	錦鯉	黒	L	¥1,800	66	218	284	¥511,200		
15	T0011	錦鯉	黒	M	¥1,800	105	354	459	¥826,200		
16	T0012	錦鯉	黒	S	¥1,800	89	261	350	¥630,000		
17	T0013	走るダチョウ	白	L	¥1,600	36	38	74	¥118,400		

14-3 数値のフィルター

（1）フィルターを使って店舗販売数が100以上のデータだけを抽出してみましょう。

	A	B	C	D	E	F	G	H	I	J	K
1											
2	Tシャツの売上実績										
3											
4	ID	デザイン	色	Siz	価格	店舗販売	Web販売	合計販売	売上		
6	T0002	金魚と花火	白	M	¥2,200	135	142	277	¥609,400		
8	T0004	金魚と花火	紺	L	¥2,200	121	103	224	¥492,800		
9	T0005	金魚と花火	紺	M	¥2,200	205	174	379	¥833,800		
10	T0006	金魚と花火	紺	S	¥2,200	163	154	317	¥697,400		
11	T0007	ペンギンの行進	白	L	¥1,800	305	167	472	¥849,600		
12	T0008	ペンギンの行進	白	M	¥1,800	403	240	643	¥1,157,400		
13	T0009	ペンギンの行進	白	S	¥1,800	361	206	567	¥1,020,600		
15	T0011	錦鯉	黒	M	¥1,800	105	354	459	¥826,200		
27	T0023	カラフルな水玉	白	M	¥1,600	101	67	168	¥268,800		
30	T0026	アライグマ	黒	M	¥1,800	123	80	203	¥365,400		
31	T0027	アライグマ	黒	S	¥1,800	105	65	170	¥306,000		
39	T0035	2羽の鶴	黒	M	¥2,000	121	220	341	¥682,000		
40	T0036	2羽の鶴	黒	S	¥2,000	103	167	270	¥540,000		
50											
51											
52											
53											
54											

「100以上」のデータだけを抽出

（2）今度は、店舗販売数が50以上かつ100以下のデータだけを抽出してみましょう。

	A	B	C	D	E	F	G	H	I	J	K
1											
2	**Tシャツの売上実績**										
3											
4	ID▼	デザイン▼	色▼	Siz▼	価格▼	店舗販売数▼	Web販売数▼	合計販売数▼	売上▼		
5	T0001	金魚と花火	白	L	¥2,200	71	80	151	¥332,200		
7	T0003	金魚と花火	白	S	¥2,200	93	75	168	¥369,600		
14	T0010	錦鯉	黒	L	¥1,800	66	218	284	¥511,200		
16	T0012	錦鯉	黒	S	¥1,800	89	261	350	¥630,000		
18	T0014	走るダチョウ	白	M	¥1,600	76	66	142	¥227,200		
26	T0022	カラフルな水玉	白	L	¥1,600	54	31	85	¥136,000		
28	T0024	カラフルな水玉	白	S	¥1,600	83	57	140	¥224,000		
29	T0025	アライグマ	黒	L	¥1,800	77	55	132	¥237,600		
32	T0028	アライグマ	緑	L	¥1,800	61	38	99	¥178,200		
33	T0029	アライグマ	緑	M	¥1,800	99	63	162	¥291,600		
34	T0030	アライグマ	緑	S	¥1,800	77	41	118	¥212,400		
35	T0031	2羽の鶴	白	L	¥2,000	81	101	182	¥364,000		
36	T0032	2羽の鶴	白	M	¥2,000	96	121	217	¥434,000		
37	T0033	2羽の鶴	白	S	¥2,000	54	87	141	¥282,000		
38	T0034	2羽の鶴	黒	L	¥2,000	74	154	228	¥456,000		
42	T0038	ヒマワリ	赤	M	¥1,600	68	32	100	¥160,000		
45	T0041	ヒマワリ	青	M	¥1,600	76	38	114	¥182,400		
46	T0042	ヒマワリ	青	S	¥1,600	57	29	86	¥137,600		
48	T0044	ヒマワリ	黄	M	¥1,600	81	40	121	¥193,600		
49	T0045	ヒマワリ	黄	S	¥1,600	68	34	102	¥163,200		
50											
51											
52											
53											

「50～100」のデータだけを抽出

（3）店舗販売数の条件を解除し、すべてのデータを画面に表示してみましょう。

条件を解除

	A	B	C	D	E	F	G	H	I	J	K
1											
2	**Tシャツの売上実績**										
3											
4	ID▼	デザイン▼	色▼	Siz▼	価格▼	店舗販売数▼	Web販売数▼	合計販売数▼	売上▼		
5	T0001	金魚と花火	白	L	¥2,200	71	80	151	¥332,200		
6	T0002	金魚と花火	白	M	¥2,200	135	142	277	¥609,400		
7	T0003	金魚と花火	白	S	¥2,200	93	75	168	¥369,600		
8	T0004	金魚と花火	紺	L	¥2,200	121	103	224	¥492,800		
9	T0005	金魚と花火	紺	M	¥2,200	205	174	379	¥833,800		
10	T0006	金魚と花火	紺	S	¥2,200	163	154	317	¥697,400		
11	T0007	ペンギンの行進	白	L	¥1,800	305	167	472	¥849,600		
12	T0008	ペンギンの行進	白	M	¥1,800	403	240	643	¥1,157,400		
13	T0009	ペンギンの行進	白	S	¥1,800	361	206	567	¥1,020,600		
14	T0010	錦鯉	黒	L	¥1,800	66	218	284	¥511,200		

（1）フィルターを使って売上が上位8項目のデータを抽出し、数値の大きい順に並べ替えてみましょう。

	A	B	C	D	E	F	G	H	I	J	K
1											
2	Tシャツの売上実績										
3											
4	ID	デザイン	色	Siz	価格	店舗販売	Web販売	合計販売	売上		
9	T0008	ペンギンの行進	白	M	¥1,800	403	240	643	¥1,157,400		
10	T0009	ペンギンの行進	白	S	¥1,800	361	206	567	¥1,020,600		
11	T0007	ペンギンの行進	白	L	¥1,800	305	167	472	¥849,600		
12	T0005	金魚と花火	紺	M	¥2,200	205	174	379	¥833,800		
13	T0011	錦鯉	黒	M	¥1,800	105	354	459	¥826,200		
15	T0006	金魚と花火	紺	S	¥2,200	163	154	317	¥697,400		
16	T0035	2羽の鶴	黒	M	¥2,000	121	220	341	¥682,000		
39	T0012	錦鯉	黒	S	¥1,800	89	261	350	¥630,000		
50											
51											
52											
53											
54											
55											

上位8項目のデータを抽出し、大きい順に並べ替え

（2）フィルターを解除し、すべてのデータを画面に表示してみましょう。続いて、元の順番にデータを並べ替えてみましょう。

フィルターを解除

	A	B	C	D	E	F	G	H	I	J	K
1											
2	Tシャツの売上実績										
3											
4	ID	デザイン	色	Size	価格	店舗販売数	Web販売数	合計販売数	売上		
5	T0001	金魚と花火	白	L	¥2,200	71	80	151	¥332,200		
6	T0002	金魚と花火	白	M	¥2,200	135	142	277	¥609,400		
7	T0003	金魚と花火	白	S	¥2,200	93	75	168	¥369,600		
8	T0004	金魚と花火	紺	L	¥2,200	121	103	224	¥492,800		
9	T0005	金魚と花火	紺	M	¥2,200	205	174	379	¥833,800		
10	T0006	金魚と花火	紺	S	¥2,200	163	154	317	¥697,400		
11	T0007	ペンギンの行進	白	L	¥1,800	305	167	472	¥849,600		
12	T0008	ペンギンの行進	白	M	¥1,800	403	240	643	¥1,157,400		
13	T0009	ペンギンの行進	白	S	¥1,800	361	206	567	¥1,020,600		
14	T0010	錦鯉	黒	L	¥1,800	66	218	284	¥511,200		
15	T0011	錦鯉	黒	M	¥1,800	105	354	459	¥826,200		
16	T0012	錦鯉	黒	S	¥1,800	89	261	350	¥630,000		
17	T0013	走るダチョウ	白	L	¥1,600	36	38	74	¥118,400		
18	T0014	走るダチョウ	白	M	¥1,600	76	66	142	¥227,200		
19	T0015	走るダチョウ	白	S	¥1,600	40	41	81	¥129,600		
20	T0016	走るダチョウ	赤	L	¥1,600	17	21	38	¥60,800		
21	T0017	走るダチョウ	赤	M	¥1,600	36	35	71	¥113,600		

元の順番に並べ替え

Step **15** 条件付き書式

15-1 セルの強調表示ルール

（1）「15-1-0演習用」のExcelファイルをダウンロードし、数値が90％より大きいセルを「濃い赤の文字、明るい赤の背景」で表示する「条件付き書式」を指定してみましょう。

※ https://cutt.jp/books/978-4-87783-793-8/ からダウンロードできます。

	A	B	C	D	E	F	G	H	I
1									
2		スマートフォンの所有率（2018年）							
3									
4		国	全体	18〜34歳	35〜49歳	50歳以上			
5		韓国	95%	99%	100%	91%			
6		イスラエル	88%	91%	94%	80%			
7		オランダ	87%	99%	98%	74%			
8		スウェーデン	86%	98%	92%	77%			
9		オーストラリア	81%	97%	89%	68%			
10		アメリカ	81%	95%	92%	67%			
11		スペイン	80%	95%	93%	60%			
12		ドイツ	78%	98%	90%	64%			
13		イギリス	76%	93%	90%	60%			
14		フランス	75%	97%	91%	53%			
15		イタリア	71%	98%	91%	48%			
16		アルゼンチン	68%	84%	77%	42%			
17		カナダ	66%	90%	85%	43%			
18		日本	66%	96%	93%	44%			
19		ハンガリー	64%	92%	84%	35%			
20		ポーランド	63%	93%	87%	35%			
21		ギリシア	59%	95%	83%	29%			
22		ロシア	59%	91%	76%	26%			
23									
24		出典：Pew Research Center							
25									
26									
27									

このセル範囲に「条件付き書式」を指定

（2）さらに、数値が70%より大きいセルを「濃い黄色の文字、黄色の背景」で表示する「条件付き書式」を指定してみましょう。

	A	B	C	D	E	F	G	H	I
1									
2		**スマートフォンの所有率（2018年）**							
3									
4		国	全体	18～34歳	35～49歳	50歳以上			
5		韓国	95%	99%	100%	91%			
6		イスラエル	88%	91%	94%	80%			
7		オランダ	87%	99%	98%	74%			
8		スウェーデン	86%	98%	92%	77%			
9		オーストラリア	81%	97%	89%	68%			
10		アメリカ	81%	95%	92%	67%			
11		スペイン	80%	95%	93%	60%			
12		ドイツ	78%	98%	90%	64%			
13		イギリス	76%	93%	90%	60%			
14		フランス	75%	97%	91%	53%			
15		イタリア	71%	98%	91%	48%			
16		アルゼンチン	68%	84%	77%	42%			
17		カナダ	66%	90%	85%	43%			
18		日本	66%	96%	93%	44%			
19		ハンガリー	64%	92%	84%	35%			
20		ポーランド	63%	93%	87%	35%			
21		ギリシア	59%	95%	83%	29%			
22		ロシア	59%	91%	76%	26%			
23									
24		出典：Pew Research Center							
25									
26									
27									

このセル範囲に「条件付き書式」を追加

MEMO

D5～F22のセル範囲には、以下の2つの「条件付き書式」が指定されています。

（1）数値が「90%より大きい」 ……………「濃い赤の文字、明るい赤の背景」
（2）数値が「70%より大きい」 ……………「濃い黄色の文字、黄色の背景」

これら2つの「条件付き書式」は、後から指定した「条件付き書式」の方が優先される仕組みになっています。このため、現時点では、（1）の「条件付き書式」は正しく機能しません。

たとえば、D5セル（99%）は「90%より大きい」の条件を満たしていますが、「70%より大きい」の条件も満たしているため、優先度の高い（2）の「条件付き書式」が適用されます。その結果、「濃い黄色の文字、黄色の背景」でセルが表示されます。

2つの「条件付き書式」を正しく機能させるには、次ページに示した手順で優先順位を入れ替える必要があります。

（3）以下の手順で「ルールの管理」を表示してみましょう。

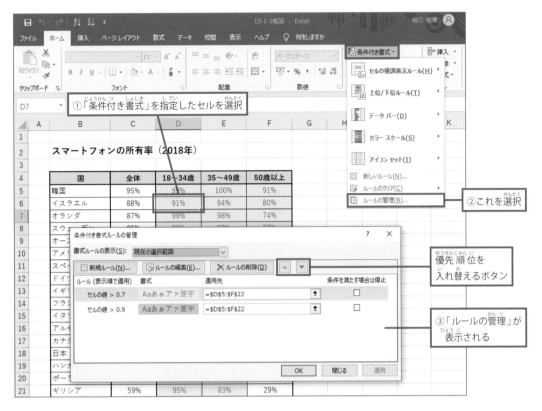

（4）「条件付き書式」の優先順位を入れ替えてみましょう。

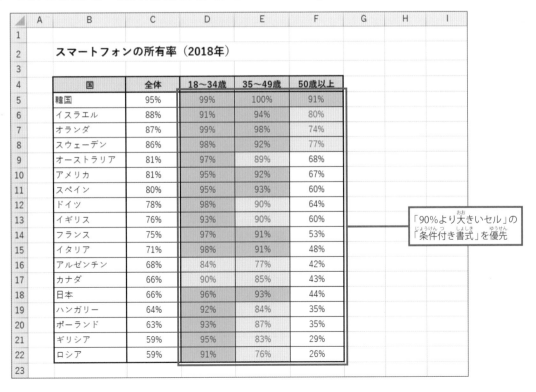

（5）「90%より大きい」の条件を「90%以上」に変更してみましょう。

国	全体	18〜34歳	35〜49歳	50歳以上
韓国	95%	99%	100%	91%
イスラエル	88%	91%	94%	80%
オランダ	87%	99%	98%	74%
スウェーデン	86%	98%	92%	77%
オーストラリア	81%	97%	89%	68%
アメリカ	81%	95%	92%	67%
スペイン	80%	95%	93%	60%
ドイツ	78%	98%	90%	64%
イギリス	76%	93%	90%	60%
フランス	75%	97%	91%	53%
イタリア	71%	98%	91%	48%
アルゼンチン	68%	84%	77%	42%
カナダ	66%	90%	85%	43%
日本	66%	96%	93%	44%
ハンガリー	64%	92%	84%	35%
ポーランド	63%	93%	87%	35%
ギリシア	59%	95%	83%	29%
ロシア	59%	91%	76%	26%

タイトル：スマートフォンの所有率（2018年）

90%のセルも「条件付き書式」の対象にする

MEMO

条件を「以上」や「以下」に変更するときは、「ルールの管理」を表示し、以下のように操作します。

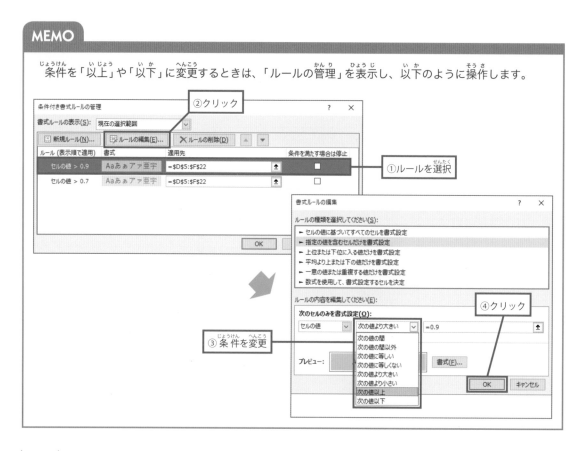

（1）以下のセル範囲に「緑のデータバー」を表示してみましょう。

	A	B	C	D	E	F	G	H	I
1									
2		スマートフォンの所有率（2018年）							
3									
4		国	全体	18〜34歳	35〜49歳	50歳以上			
5		韓国	95%	99%	100%	91%			
6		イスラエル	88%	91%	94%	80%			
7		オランダ	87%	99%	98%	74%			
8		スウェーデン	86%	98%	92%	77%			
9		オーストラリア	81%	97%	89%	68%			
10		アメリカ	81%	95%	92%	67%			
11		スペイン	80%	95%	93%	60%			
12		ドイツ	78%	98%	90%	64%			
13		イギリス	76%	93%	90%	60%			
14		フランス	75%	97%	91%	53%			
15		イタリア	71%	98%	91%	48%			
16		アルゼンチン	68%	84%	77%	42%			
17		カナダ	66%	90%	85%	43%			
18		日本	66%	96%	93%	44%			
19		ハンガリー	64%	92%	84%	35%			
20		ポーランド	63%	93%	87%	35%			
21		ギリシア	59%	95%	83%	29%			
22		ロシア	59%	91%	76%	26%			
23									
24		出典：Pew Research Center							
25									
26			データバーを表示						
27									

（2）C列の幅を大きくしてみましょう。

	A	B	C	D	E	F	G	H
1								
2		スマートフォンの所有率（2018年）			幅を大きくする			
3								
4		国	全体	18〜34歳	35〜49歳	50歳以上		
5		韓国	95%	99%	100%	91%		
6		イスラエル	88%	91%	94%	80%		
7		オランダ	87%	99%	98%	74%		
8		スウェーデン	86%	98%	92%	77%		
9		オーストラリア	81%	97%	89%	68%		
10		アメリカ	81%	95%	92%	67%		
11		スペイン	80%	95%	93%	60%		
12		ドイツ	78%	98%	90%	64%		
13		イギリス	76%	93%	90%	60%		
14		フランス	75%	97%	91%	53%		
15		イタリア	71%	98%	91%	48%		
16		アルゼンチン	68%	84%	77%	42%		
17		カナダ	66%	90%	85%	43%		

（3）データバーの範囲を0〜100%（0〜1）に変更してみましょう。

	A	B	C	D	E	F	G	H
1								
2		スマートフォンの所有率（2018年）		0〜100%の範囲でデータバーを表示				
3								
4		国	全体	18〜34歳	35〜49歳	50歳以上		
5		韓国	95%	99%	100%	91%		
6		イスラエル	88%	91%	94%	80%		
7		オランダ	87%	99%	98%	74%		
8		スウェーデン	86%	98%	92%	77%		
9		オーストラリア	81%	97%	89%	68%		
10		アメリカ	81%	95%	92%	67%		
11		スペイン	80%	95%	93%	60%		
12		ドイツ	78%	98%	90%	64%		
13		イギリス	76%	93%	90%	60%		
14		フランス	75%	97%	91%	53%		

Hint：「ルールの管理」を表示し、［ルールの編集］ボタンをクリックして「最小値」と「最大値」を指定します。

15-3　条件付き書式の削除

（1）数値が「70%より大きい」の条件付き書式を削除してみましょう。

	A	B	C	D	E	F	G	H
1								
2		スマートフォンの所有率（2018年）					「70%より大きい」の	
3							「条件付き書式」を削除	
4		国	全体	18〜34歳	35〜49歳	50歳以上		
5		韓国	95%	99%	100%	91%		
6		イスラエル	88%	91%	94%	80%		
7		オランダ	87%	99%	98%	74%		
8		スウェーデン	86%	98%	92%	77%		
9		オーストラリア	81%	97%	89%	68%		
10		アメリカ	81%	95%	92%	67%		
11		スペイン	80%	95%	93%	60%		
12		ドイツ	78%	98%	90%	64%		
13		イギリス	76%	93%	90%	60%		
14		フランス	75%	97%	91%	53%		
15		イタリア	71%	98%	91%	48%		
16		アルゼンチン	68%	84%	77%	42%		
17		カナダ	66%	90%	85%	43%		
18		日本	66%	96%	93%	44%		
19		ハンガリー	64%	92%	84%	35%		
20		ポーランド	63%	93%	87%	35%		
21		ギリシア	59%	95%	83%	29%		
22		ロシア	59%	91%	76%	26%		
23								

Hint：「ルールの管理」を表示し、［ルールの削除］ボタンで「条件付き書式」を削除します。

クイック分析

16-1 条件付き書式の指定

（1）「16-1-0演習用」のExcelファイルをダウンロードし、（クイック分析）を使って
データバーを表示してみましょう。

※ https://cutt.jp/books/978-4-87783-793-8/ からダウンロードできます。

	A	B	C	D	E	F	G	H	I	J
1										
2		社員数の推移								
3										
4			2016年	2017年	2018年	2019年	2020年	2021年		
5		東京本社	247	294	351	380	397	410		
6		仙台支社	48	52	61	87	115	134		
7		大阪支社	89	96	105	138	156	179		
8		福岡支社	39	47	60	76	105	153		
9										
10										
11										
12					データバーを表示					
13										
14										

（2）（クイック分析）を使ってデータバーを削除してみましょう。

	A	B	C	D	E	F	G	H	I	J
1										
2		社員数の推移								
3										
4			2016年	2017年	2018年	2019年	2020年	2021年		
5		東京本社	247	294	351	380	397	410		
6		仙台支社	48	52	61	87	115	134		
7		大阪支社	89	96	105	138	156	179		
8		福岡支社	39	47	60	76	105	153		
9										
10										
11										
12					データバーを削除					
13										
14										

（1）📊（クイック分析）を使って、「集合縦棒」のグラフのイメージを確認してみましょう。
　　※一時的にグラフを表示するだけで、グラフの作成は行いません。

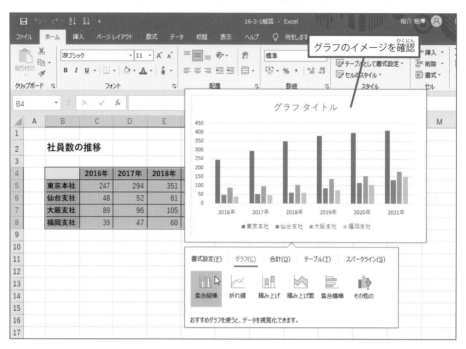

（2）今度は、「積み上げ縦棒」のグラフのイメージを確認してみましょう。
　　※一時的にグラフを表示するだけで、グラフの作成は行いません。

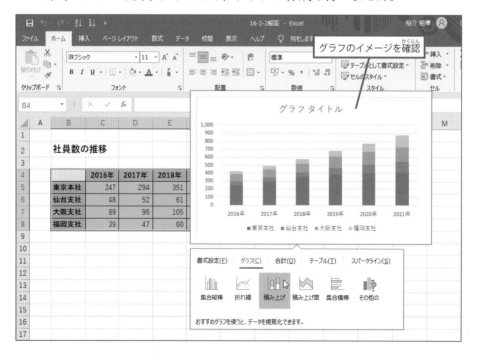

16-3 関数の自動入力

（1）[アイコン]（クイック分析）を使って、合計を求める関数を入力してみましょう。

		2016年	2017年	2018年	2019年	2020年	2021年
	東京本社	247	294	351	380	397	410
	仙台支社	48	52	61	87	115	134
	大阪支社	89	96	105	138	156	179
	福岡支社	39	47	60	76	105	153
	合計	423	489	577	681	773	876

社員数の推移

「合計」を求める

16-4 スパークライン

（1）[アイコン]（クイック分析）を使って、「縦棒」のスパークラインを表示してみましょう。

		2016年	2017年	2018年	2019年	2020年	2021年	
	東京本社	247	294	351	380	397	410	[縦棒]
	仙台支社	48	52	61	87	115	134	[縦棒]
	大阪支社	89	96	105	138	156	179	[縦棒]
	福岡支社	39	47	60	76	105	153	[縦棒]
	合計	423	489	577	681	773	876	[縦棒]

社員数の推移

スパークラインを表示

Step 17 ウィンドウ枠の固定

17-1 行を画面に固定

（1）「17-1-0演習用」のExcelファイルをダウンロードし、「ウィンドウ枠の固定」を使って、1〜4行目を画面に固定してみましょう。

※ https://cutt.jp/books/978-4-87783-793-8/ からダウンロードできます。

常に表示する

	A	B	C	D	E	F	G	H	I	J
1										
2	**Tシャツの売上実績**									
3										
4	ID	デザイン	色	Size	価格	店舗販売数	Web販売数	合計販売数	売上	
32	T0028	アライグマ	緑	L	¥1,800	61	38	99	¥178,200	
33	T0029	アライグマ	緑	M	¥1,800	99	63	162	¥291,600	
34	T0030	アライグマ	緑	S	¥1,800	77	41	118	¥212,400	
35	T0031	2羽の鶴	白	L	¥2,000	81	101	182	¥364,000	
36	T0032	2羽の鶴	白	M	¥2,000	96	121	217	¥434,000	
37	T0033	2羽の鶴	白	S	¥2,000	54	87	141	¥282,000	
38	T0034	2羽の鶴	黒	L	¥2,000	74	154	228	¥456,000	
39	T0035	2羽の鶴	黒	M	¥2,000	121	220	341	¥682,000	
40	T0036	2羽の鶴	黒	S	¥2,000	103	167	270	¥540,000	
41	T0037	ヒマワリ	赤	L	¥1,600	34	19	53	¥84,800	
42	T0038	ヒマワリ	赤	M	¥1,600	68	32	100	¥160,000	
43	T0039	ヒマワリ	赤	S	¥1,600	41	25	66	¥105,600	
44	T0040	ヒマワリ	青	L	¥1,600	41	22	63	¥100,800	
45	T0041	ヒマワリ	青	M	¥1,600	76	38	114	¥182,400	
46	T0042	ヒマワリ	青	S	¥1,600	57	29	86	¥137,600	
47	T0043	ヒマワリ	黄	L	¥1,600	40	23	63	¥100,800	
48	T0044	ヒマワリ	黄	M	¥1,600	81	40	121	¥193,600	
49	T0045	ヒマワリ	黄	S	¥1,600	68	34	102	¥163,200	
50										
51										
52										
53										
54										
55										

下へスクロール

（2）演習（1）で指定した「ウィンドウ枠の固定」を解除してみましょう。

（1）「ウィンドウ枠の固定」を使って、1～4行目とA～D列目を画面に固定してみましょう。

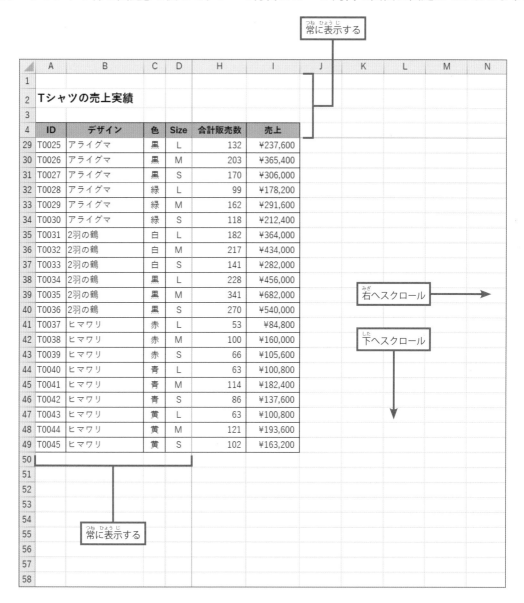

（2）演習（1）で指定した「ウィンドウ枠の固定」を解除してみましょう。

18-1 シートの保護の指定

（1）「18-1-0演習用」のExcelファイルをダウンロードし、「シートの保護」を使って、編集可能なセルをB3～D9に限定してみましょう。

※ https://cutt.jp/books/978-4-87783-793-8/ からダウンロードできます。

	A	B	C	D	E	F	G	H	I
1									
2		品名	単価	数量	金額				
3		コピー用紙	¥380	8	¥3,040				
4		封筒	¥200	5	¥1,000				
5		CD-R	¥480	3	¥1,440				
6		DVD-R	¥580	2	¥1,160				
7					¥0				
8					¥0				
9					¥0				
10									
11				小計	¥6,640				
12				消費税	¥664				
13				合計	¥7,304				
14									
15									

このセル範囲だけを編集可能にする

MEMO

あらかじめ、「編集を許可するセル」のロックを外しておく必要があります。

セルの書式設定　　　　　　　　　　? ×

表示形式　配置　フォント　罫線　塗りつぶし　保護

□ ロック(L)
□ 表示しない(I)
ワークシートを保護しなければ、セルをロックまたは数式を非表示にした効果は得られません（ワークシートを保護するには、[校閲] タブの [保護] グループにある [シートの保護] をクリックしてください）。

（1）B3 ～ D9以外のセルを編集しようとすると、警告画面が表示され、操作がキャンセルされることを確認してみましょう。

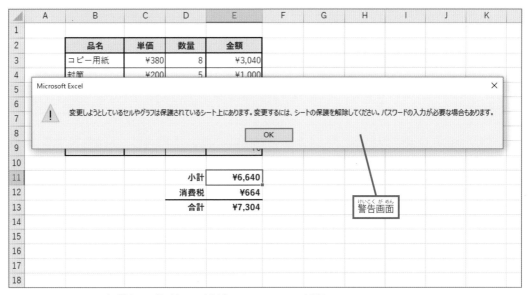

Hint：たとえば、「小計」を計算する関数（E11セル）を削除してみます。

（2）D5セルの数値を「6」に変更すると、「金額」や「小計」などが再計算されることを確認してみましょう。

	A	B	C	D	E	F	G	H	I
1									
2		品名	単価	数量	金額				
3		コピー用紙	¥380	8	¥3,040				
4		封筒	¥200	5	¥1,000				
5		CD-R	¥480	6	¥2,880		再計算される		
6		DVD-R	¥580	2	¥1,160				
7					¥0				
8					¥0				
9					¥0				
10									
11				小計	¥8,080				
12	「6」に変更			消費税	¥808		再計算される		
13				合計	¥8,888				
14									
15									
16									
17									
18									

図形の活用

19-1 図形の描画と文字入力

（1）「19-1-0演習用」のExcelファイルをダウンロードし、「四角形：角を丸くする」の図形を描画してみましょう。

※ https://cutt.jp/books/978-4-87783-793-8/ からダウンロードできます。

	A	B	C	D	E	F	G	H	I
1									
2		Sun	Mon	Tue	Wed	Thu	Fri	Sat	
3				1	2	3	4	5	
4		6	7				11	12	
5		13	14				18	19	
6		20	21	22	23	24	25	26	
		27	28	29	30	31			

「角が丸い四角形」を描画

（2）図形内に「ポイント5倍」と入力してみましょう。

	A	B	C	D	E	F	G	H	I
1									
2		Sun	Mon	Tue	Wed	Thu	Fri	Sat	
3				1	2	3	4	5	
4		6	7	ポイント5倍			11	12	
5		13	14				18	19	
		20	21	22	23	24	25	26	

「ポイント5倍」と入力

（3）図形内の文字の書式を「9pt、太字」に変更し、図形内の中央に配置してみましょう。

9pt、太字、中央に配置

（4）F3セルの中に図形が収まるように、図形のサイズと位置を調整してみましょう。

サイズを調整して移動

（1）図形に「光沢 - オレンジ、アクセント 2」の図形のスタイルを適用してみましょう。

	A	B	C	D	E	F	G	H	I
1									
2		Sun	Mon	Tue	Wed	Thu	Fri	Sat	
3				1	2	3	4	5	
						ポイント5倍			「図形のスタイル」を適用
4		6	7	8	9	10	11	12	
5		13	14	15	16	17	18	19	
6		20	21	22	23	24	25	26	
7		27	28	29	30	31			
8									
9									
10									

（2）［Ctrl］キーと［Shift］キーを押しながら図形をドラッグし、以下のように図形を複製してみましょう。

	A	B	C	D	E	F	G	H	I
1									
2		Sun	Mon	Tue	Wed	Thu	Fri	Sat	
3				1	2	3	4	5	
						ポイント5倍			
4		6	7	8	9	10	11	12	
						ポイント5倍			図形を複製
5		13	14	15	16	17	18	19	
						ポイント5倍			
6		20	21	22	23	24	25	26	
						ポイント5倍			
7		27	28	29	30	31			
						ポイント5倍			
8									
9									
10									

ご質問がある場合は・・・

本書の内容についてご質問がある場合は、本書の書名ならびに掲載箇所のページ番号を明記の上、FAX・郵送・Eメールなどの書面にてお送りください（宛先は下記を参照）。電話でのご質問はお断りいたします。また、本書の内容を超えるご質問に関しては、回答を控えさせていただく場合があります。

新刊書籍、執筆陣が講師を務めるセミナーなどをメールでご案内します

登録はこちらから

https://www.cutt.co.jp/ml/entry.php

情報演習 ㊿

留学生のための
Excelドリルブック Excel 2019 対応

2021年5月10日　初版第1刷発行

著　者	相澤 裕介
発行人	石塚 勝敏
発　行	株式会社 カットシステム
	〒169-0073 東京都新宿区百人町4-9-7　新宿ユーエストビル8F
	TEL　（03）5348-3850　　FAX　（03）5348-3851
	URL　https://www.cutt.co.jp/
	振替　00130-6-17174
印　刷	シナノ書籍印刷 株式会社

Cover design Y.Yamaguchi　　　　　　　Copyright©2021　相澤 裕介
Printed in Japan　ISBN 978-4-87783-793-8

30ステップで基礎から実践へ！

ステップバイステップ方式で確実な学習効果をねらえます

留学生向けのルビ付きテキスト（漢字にルビをふってあります）

情報演習 C ステップ 30 （Windows 10 版）
留学生のためのタイピング練習ワークブック
ISBN978-4-87783-800-3／定価 880円 税10%

情報演習 38 ステップ 30
留学生のための Word 2016 ワークブック
ISBN978-4-87783-795-2／定価 990円 税10% 本文カラー

情報演習39ステップ30
留学生のための Excel 2016 ワークブック
ISBN978-4-87783-796-9／定価 990円 税10% 本文カラー

情報演習 42 ステップ 30
留学生のための PowerPoint 2016 ワークブック
ISBN978-4-87783-805-8／定価 990円 税10% 本文カラー

情報演習 49 ステップ 30
留学生のための Word 2019 ワークブック
ISBN978-4-87783-789-1／定価 990円 税10% 本文カラー

情報演習 50 ステップ 30
留学生のための Excel 2019 ワークブック
ISBN978-4-87783-790-7／定価 990円 税10% 本文カラー

情報演習 51 ステップ 30
留学生のための PowerPoint 2019 ワークブック
ISBN978-4-87783-791-4／定価 990円 税10% 本文カラー

情報演習 47 ステップ 30
留学生のための HTML5 & CSS3 ワークブック
ISBN978-4-87783-808-9／定価 990円 税10%

情報演習 48 ステップ 30
留学生のための JavaScript ワークブック
ISBN978-4-87783-807-2／定価 990円 税10%

情報演習 43 ステップ 30
留学生のための Python [基礎編] ワークブック
ISBN978-4-87783-806-5／定価 990円 税10%／A4判

留学生向けドリル形式のテキストシリーズ

情報演習 44
留学生のための Word ドリルブック
ISBN978-4-87783-797-6／定価 990円 税10% 本文カラー

情報演習 45
留学生のための Excel ドリルブック
ISBN978-4-87783-798-3／定価 990円 税10% 本文カラー

情報演習 46
留学生のための PowerPoint ドリルブック
ISBN978-4-87783-799-0／定価 990円 税10% 本文カラー

タッチタイピングを身につける

情報演習 B ステップ 30
タイピング練習ワークブック Windows 10 版
ISBN978-4-87783-838-6／本体 880円 税10%

Office のバージョンに合わせて選べる

情報演習 26 ステップ 30
Word 2016 ワークブック
本文カラー
ISBN978-4-87783-832-4／定価 990円 税10%

情報演習 27 ステップ 30
Excel 2016 ワークブック
本文カラー
ISBN978-4-87783-833-1／定価 990円 税10%

情報演習 28 ステップ 30
PowerPoint 2016 ワークブック
本文カラー
ISBN978-4-87783-834-8／定価 990円 税10%

情報演習 55 ステップ 30
Word 2019 ワークブック
本文カラー
ISBN978-4-87783-842-3／定価 990円 税10%

情報演習 56 ステップ 30
Excel 2019 ワークブック
本文カラー
ISBN978-4-87783-843-0／定価 990円 税10%

情報演習 57 ステップ 30
PowerPoint 2019 ワークブック
本文カラー
ISBN978-4-87783-844-7／定価 990円 税10%

Photoshop を基礎から学習

情報演習 30 ステップ 30
Photoshop CS6 ワークブック
本文カラー
ISBN978-4-87783-831-7／定価 1,100円 税10%

ホームページ制作を基礎から学習

情報演習 35 ステップ 30
HTML5 & CSS3 ワークブック [第 2 版]
ISBN978-4-87783-840-9／定価 990円 税10%

情報演習 36 ステップ 30
JavaScript ワークブック [第 3 版]
ISBN978-4-87783-841-6／定価 990円 税10%

コンピュータ言語を基礎から学習

情報演習 31 ステップ 30
Excel VBA ワークブック
ISBN978-4-87783-835-5／定価 990円 税10%

情報演習 32 ステップ 30
C 言語ワークブック 基礎編
ISBN978-4-87783-836-2／定価 990円 税10%

情報演習 6 ステップ 30
C 言語ワークブック
ISBN978-4-87783-820-1／本体 880円 税10%

情報演習 7 ステップ 30
C++ ワークブック
ISBN978-4-87783-822-5／本体 880円 税10%

情報演習 33 ステップ 30
Python [基礎編] ワークブック
ISBN978-4-87783-837-9／定価 990円 税10%

この他のワークブック、内容見本などもございます。
詳細はホームページをご覧ください
https://www.cutt.co.jp/

あ行

あ	A	
い	I	
う	U	
え	E	
お	O	
ぁ	X	A
ぃ	X	I
ぅ	X	U
ぇ	X	E
ぉ	X	O

か行

か	K	A
き	K	I
く	K	U
け	K	E
こ	K	O
きゃ	K	Y	A
きゅ	K	Y	U
きょ	K	Y	O

さ行

さ	S	A
し	S	I
す	S	U
せ	S	E
そ	S	O
しゃ	S	Y	A
しゅ	S	Y	U
しょ	S	Y	O

た行

た	T	A
ち	T	I
つ	T	U
て	T	E
と	T	O
ちゃ	T	Y	A
ちゅ	T	Y	U
ちょ	T	Y	O

な行

な	N	A
に	N	I
ぬ	N	U
ね	N	E
の	N	O
にゃ	N	Y	A
にゅ	N	Y	U
にょ	N	Y	O

は行

は	H	A
ひ	H	I
ふ	H	U
へ	H	E
ほ	H	O
ひゃ	H	Y	A
ひゅ	H	Y	U
ひょ	H	Y	O

ま行

ま	M	A
み	M	I
む	M	U
め	M	E
も	M	O
みゃ	M	Y	A
みゅ	M	Y	U
みょ	M	Y	O